アジア不動産で大逆転
「クリードの奇跡」

日本経済新聞記者
前野雅弥｜富山 篤＝著

プレジデント社

アジア不動産で大逆転「クリードの奇跡」◉目次

第1部 不動産ビジネスの醍醐味はアジアにこそある 前野雅弥

第2部

アジア・マーケット点描　富山 篤

第1部

不動産ビジネスの醍醐味はアジアにこそある

前野雅弥

プロローグ

「拝啓 シンガポールより宗吉です」

華僑のスタイルでアジアを飛び回る

新型コロナウイルスで動乱が始まった2020年春。宗吉敏彦《むねよしとしひこ》は久しぶりに日本で桜の季節を過ごした。シンガポールに拠点を移した宗吉にとって、街が淡い桃色に染まる風景を見るのはどこか懐かしい。かといって特別の感慨が宗吉に沸き起こってきたわけでもない。シンガポールにいても「どうせ、することがない」。ただ、それだけだった。

1990年代のバブル崩壊、2008年のリーマン・ショック……。不動産マーケットの激動期はこれまでの宗吉の仕事人生で2度あった。1度目のバブル崩壊は宗吉に味方した。巷にあふれた不良債権の山は、ほとんどの日本人が手がけたことがなかった不動産の価値をその期待収益から割り出す新たなビジネスを宗吉に提供、これがクリード発足の起爆剤となった。2度目のリーマン・ショックはその逆。新興不動産会社への信頼を根こそぎ揺るがし、成長軌道に乗りかけていた会社をまるごとのみ込んでしまった。

　そして今度の動乱。3度目だ。吉か凶か。「今度こそ、本当に乗ってやる、今度こそ」。この春の誕生日で55歳になった宗吉。まだまだ枯れる気配はない。

　世界は蠢《うごめ》き始めている。ビッグチャンス――。動乱はすべてをリセットする。固定化しつつあった秩序をぶち壊す。弱者やこれから成り上がろうとする者たちが這い上がる梯子《はしご》が天から降りてくる。

　それはマネーの動きが証明していた。世界保健機関（ＷＨＯ）のテドロス事務局長が「パンデミック（世界的な大流行）とみなせる」と表明すると、1カ月もしないうちに主要20カ国・地域（Ｇ20）は新型コロナウイルス危機の経済対策として計5兆ドル（約５５０兆円）を拠出することを表明、米国も過去最大の2兆ドル（約２２０兆円）規模の景気刺激策法案に署名し、法律を成立させた。日本ですらリーマン・ショックを上回る過去最大の１０８兆円の緊急経済対策を策定した。次から次へ。世界にマネーがあふれ出てきている。

コロナが一段落すればこうして市場（マーケット）に拠出されたマネーが暴れ出す。しかも過去最大規模の膨大なマネーが。うねるマネーの波頭を捉えるために俺は何でもやる。そのためには世界中のどこにだって俺は行く。宗吉はそう思っていた。

「お前、本当は日本人じゃないな。華僑だろう」。最近、宗吉は取引相手の華僑ビジネスマンからそう言われることがある。自分でも「確かにそう見えるかもしれない」と思う。1カ月のうちに家族がいるシンガポールで過ごすのはだいたい3分の1以下。残りはタイやベトナム、バングラデシュ、ラオス、インド、中国などアジアの国々を商用で飛び回る。投資家への説明などがある時は日本にも来るが、せいぜい長くて5～6日。アジアの中間地点に位置するシンガポールが、どこに行くにしても便利がいい。頭のなかにあるのは日本地図ではなく世界地図だ。

「俺はビジネスを中心に時間と生活を組み立てて、そのネットワークで世界を飛び歩く華僑みたいなもの。だいたいビジネスをやろうとしても、社内手続きばかり重視して何も決めてこない日本企業の感覚より、トップダウンで物事がどんどん決まり、各人が立場にかかわらず提案をもってくる華僑のビジネススタイルの方が、水に合うし馬も合う」

住まいをシンガポールの中心地オーチャードに定め、見つけたマンションは賃料月100万円。東急不動産が1980年代に開発した物件でかなり年季が入っている。17階の部屋からはシンガポールの高層ビル群が見えた。その風景を眺めていると、10年前に想像すらしなかった環境に自分がいることに今さらながら驚いてしまう。

今から十数年前。日本の不動産市場には世界中のマネー（資金）が激流のように流入してきていた。激流の中を不動産ファンド業者や新興デベロッパー（不動産開発業者）が不動産市場を席巻していた。パシフィックマネジメント、ダヴィンチ、アーバンコーポレイション、スルガコーポレーション、ゼファー……。いずれもカタカナ系の名前を冠していた。すさまじい勢いで都心部の一等地のビルを買収、開発用地を次々と落札していく様子に「このままでは東京の土地が全部、カタカナ企業に押さえられてしまう」と本気で心配する声すらあった。いつか来た道だった。東京23区の土地代で米国の土地がまるまる買える1990年代のバブル期を彷彿《ほうふつ》とさせる風景だった。

宗吉も同じように不動産ファンド会社を率いていた。名前はクリード。「CREDO（クレド）」、日本語で言う「信条」からとってきた名前だった。「決していい加減な仕事はしない」。宗吉の思いを込めた。カタカナ系ということでは他の不動産会社と同じだったが、宗吉には自負があった。「自分には不動産についての知識も経験もある。金融についての理解の深さも違う」

伊藤忠に就職→独立は「最良の選択」

1989年に大手商社、伊藤忠商事に入社して7年間、宗吉は建設・不動産部門で過ごした。「商社に入れば世界を飛び回る仕事人生を送れるだろう」。そう思っていた宗吉にとって、不動産部門での時間は全く予想していたものとは違った。7年も在籍していながら海外出張には一度も行ったことはない。同期で海外に行ったことがないのは1人だけだった。国内の仕事がすべてだった。

ただ、景気だけは恐ろしく良かった。宗吉が不動産部門に配属されたのは5月のゴールデンウィーク明けだったが、配属された時にはもう年間の売り上げ利益の目標を達成してしまっていた。あとは毎晩、街に繰り出し先輩や取引先との飲み会だった。

しかし、この時の経験と知識が30代以降の宗吉の財産となる。一つ一つの課が事実上の独立採算をやっていて、それぞれバランスシート（ＢＳ）や貸借対照表（ＰＬ）、資金繰りを持ち、新入社員がそれらの経営指標をつくる。取引先の社長とは一緒に経営計画を作成したり、バブルがはじけてからは資金繰りに頭を抱えながら再建計画を組み立てたりした。売上高数十億円から数百億円の企業の経営を、経営者と同じ立場で一緒に悩むことで学んだ。

「伊藤忠商事に就職したことと、そこから離れ独立したことが、人生の最良の選択だったかもしれない」

宗吉は１９８４年、落第すれすれで私立武蔵高校を卒業、「特に何をするわけでもなく」２年間、ぶらっと過ごした後、１９８６年、早稲田大学理工学部に入学し建築を「少し」学んだ。

建築は入学する前は面白そうだとは思っていたが、実際始めてみるとあまり興味が持てなかった。勉強はほとんどやらずじまい。ただ、就職が決まった4年生の時は卒業に必要な単位を半分しか取っていなかったので、必死になって学校に通った。今でも最後の最後で単位が足りずに卒業できなくなる夢を1年に1度くらい見る。

代わりにサークル活動にいそしんだ。といっても実態はビジネス。当時はやりのディスコのパーティー枠を手付金を支払って1年分押さえ、その枠を学生サークルに転売して利ざやを稼いだ。年商にすると1億円近く、利益も数千万円出た。今になって考えてみると、スペースブローカーやサブリースみたいなもので、一種の不動産業のようなものだった。「学生のお小遣い稼ぎ」にしては金額が大きすぎた。このまま学生相手にこの仕事を続けていこうかとさえ考えたが、「いずれ学生の身分はなくなる。もし、そうなってしまったら学生相手のビジネスも続かない。いったん社会に出て世界を見てみよう」と総合商社に就職した。

当初の目論見からは外れ、商社では海外とは無縁の不動産部門の配属となったが、不動産を学んだ経験は貴重だった。不動産をベースに、取引先にファイナンスをしたり自ら開発を企画したりする仕事は面白く、これは天職じゃないかと思っていたが、バブル崩壊後は、なかなか思い通りに仕事ができる環境でなくなり、宗吉は伊藤忠商事を離れた。7年が経過、宗吉は31歳になっていた。

誰も知らなかったデューデリジェンスで急成長

最初は何をやるかも明確に定まらないまま、中学高校時代、武蔵の同級生で公認会計士だった松木光平と株式会社「クリード」を立ち上げた。1996年6月のことだった。外に出てみるとバブル崩壊で不動産マーケットは荒れていた。企業は財務体質を改善するため手持ちの資産の売却に動いていた。オフィスからマンション、商業施設、社宅やスポーツ施設など市場には売り物件があふれていた。また金融機関は不良債権の山で、その多くが「半値8掛け5割引き」。ピーク時の1～2割の価格にまで下がっていた。1980年代後半のバブル期では考えられない値段だった。

これを買いに来たのが欧米の外資系投資ファンドや投資銀行だった。外資系投資ファンドはみんな同じことを知りたがった。「売却するときに、誰が何の目的でいくらで買うのか。売却までにかかる時間とコストはどのくらいか」

当時の不動産売却は全く特殊な環境だった。まずは不動産そのものではなく不動産担保の債権の売却が主流になっていた。しかも、一つ一つの債権ではなく数百単位の債権をひとまとめにして「一山いくら」で取引するバルクセールスだった。甘いみかんも腐ったみかんも同じカゴに盛り、買い手にはカゴのなかから好きなものを選択する自由はない。ただ、カゴに盛った債権をそのままにまとめて買う。問題はそれを、いったいいくらで買うのか、それだけだった。

もしその不動産が適正な運用をされていたらいくらが適正価格なのか、その不動産を適正化するのにかかるコストや時間はどれくらいなのか、更地であれば誰がどういう目的で買うのか、その時の価格はいくらが適正なのか。不法占拠者がいるのかいないのか、いるなら退去させることができるのか、そのコストはいくらかかるのか……。誰も答えられなかった。今で言う「デューデリジェンス（収益還元法）」での不動産の評価だった。当時は誰もそれを知らなかった。

しかし宗吉はやった。不当に評価が下がっているが将来、必ず価値が上がる物件。不法占拠者がいるが、法的に追い出しが可能で転売できる物件を対象に、買えばどれくらいの期間で資金化できるのか、将来どれくらいの収益を生むか、数字で一つ一つ説明するコンサルティング業務を始めた。新しいこと、人がやっていないことをやるのが宗吉は好きだった。人と同じことをしていれば、結果も人と同じだ。人がやらないことをやるからこそ、結果も非凡なものとなる。だからこの時も日本で誰もその言葉すら知らないデューデリジェンスを宗吉はやった。

「バブル崩壊に伴って、日本の不動産マーケットは抜本的に変わった。不動産の価値はその不動産そのものではない。その不動産が将来生み出すキャッシュフローから決まる。きっと自分たちは日本でその大転換に最初に気づいた。時代が向かう方向に全速力で走れば、資本も信用も何もない自分たちも、それなりの立場を築けるのではないか」

そもそも、この仕事は宗吉に合っていた。宗吉は数字にはめっぽう強かったし、データで物事を考えるのが好きだった。オフィスや商業施設、マンションなど不動産が稼ぐ力をデータで算出していき値付けする仕事は新鮮で面白かった。寝る暇も惜しんで日本全国を飛び回り、土地を見て回り算定していった。顧客はどんどん増えていった。

そのうち人にアドバイスしているだけでは満足できなくなった。自分でも投資を手がけたくなった。「コンサルティングができるなら自分でも投資できるはず」。その後、事業は急成長した。設立5年目の2001年に当時のナスダック・ジャパン市場に上場、2004年に東証2部、翌2005年には東証1部に上場した。ピーク時には連結総資産は1200億円に達した。

傘下にはオフィスの不動産投資信託（REIT）と住宅のREIT、さらには運用資産約2000億円の私募ファンドと、グループでの運用資産の規模は、約4000億円余りとなっていた。

リーマン・ショックで一転、窮地に

しかし、そこまでだった。2007年から米国ではサブプライムローンの問題が騒ぎ立て始められ、2008年9月15日、米国の投資銀行であるリーマン・ブラザーズ・ホールディングス（Lehman Brothers Holdings Inc.）が経営破綻すると、これが引き金となり経済の歯車は逆回転を始めた。

銀行はグズグズしなかった。これまで果敢に攻めの融資を展開してきた銀行は資金ショートを恐れ、一気に180度身を翻した。その変わり身の早さだけは前回のバブル崩壊とは全く違った。追い貸し、金利減免、人材派遣……。前回のバブル崩壊後の不況期には、銀行は融資先にあの手この手を差し伸べた。自行が取引する先を倒産させてしまうことが「銀行として恥」とする考え方がまだあった時代だった。

しかし、今回は支援などなかった。それどころか、銀行はただただ資金を回収して回った。不動産会社というだけで狙われ、銀行は融資を貸し剝《は》がして回った。ニューマネーの供給を銀行が止めるのは仕方がないとしても、それだけでは終わらなかった。銀行自身、我が身を守るのに必死で何でもやった。

ほぼ実態は恐慌に近かった。噂が先か、実態が先か分からなくなった。「あの会社、経営が苦しいらしい」。噂が立つと翌週には本当に経営が厳しくなった。「なんだか危ないらしい」。さらにその翌週、今度は資金が回らなくなり、身動きができなくなった。

ブラックフライデー――。いつの間にか、こんな言葉がささやかれるようになった。東京証券取引所では毎週、金曜日になるとカタカナ系の不動産会社のトップが倒産会見するのが通例となった。黒字の会社ですらマネーの蛇口を止められ、破綻した。「資金繰り破産」。そんな言葉が当たり前に、あちこちで聞かれるようになった。もはや企業の実態やビジネスの中身は問題ではなかった。不動産会社であるか、そうでないのか。名前がカタカナなのか、そうでないのか――。それがすべてだった。

晴れの日に傘を差し、雨になると取り上げる。本当だった。身勝手な銀行の本性がむき出しになっていた。銀行は我先に不動産市場からマネーを引き揚げようと死に物狂いだった。宗吉敏彦が率いるクリードもそのなかの1社だった。カタカナ系、そして不動産会社……。狙われる要素をきっちり備えていた。

「クリードさんは大丈夫。うちが支えます」。リーマン・ショックの前後、クリードと取引のある銀行のいくつかは最初、そう言っていた。その言葉に宗吉もいったんは胸をなで下ろす。

しかし、事態はたった数週間で一変する。銀行自身が危ない。あっという間にクリードはまる裸になった。なす術《すべ》はなかった。

会社の「しまい方」も宗吉流

2009年1月9日、クリードは東京地方裁判所に会社更生の手続き開始を申し立てた。単体の負債総額は650億円。2008年5月期の連結業績は売上高が423億円、経常利益が74億円、最終利益が27億円。いわゆる黒字倒産だった。うねりに巻き込まれたとしか言えなかった。しかし、それがあの時の時代の流れだった。仮にリーマン・ショックがなかったなら……。「とやかく言ってみたところで始まらない」。宗吉は言う。リーマン・ショックから法的整理に至るまでの約3カ月は、怒濤のように時間が過ぎていった。何をするにも周到に準備をしておく性格の宗吉だったが、この時ばかりは準備もなにもなかった。倒産の準備などしておく会社などあるはずがなかった。全く何がなんやら。昼も夜もない。「11月の1カ月間はまるで記憶喪失、あのときは思考が止まり、どうしたらいいかもほとんど考えられなかった」

ただ、そう言いながらも、この後の整理の仕方も実に宗吉的だった。「DIP（Debtor in Possession）型」といわれる会社更生の手法を選んだのだった。DIP型会社更生手続きは日本で第1号。これまでどこもやったことがない債務者主導の会社再建法だった。その手法を宗吉は選んだ。「同じ転ぶにしても他人と同じ転び方はしない、誰もやったことがなければ何か学べることもあるはずだ」。新しもの好きの宗吉らしいと言えば、言えた。

とはいえ、会社を手じまいするのだから、本来なら世間の注目を集めない方がいい。2008年8月に倒産したアーバンコーポレイションの負債総額が2558億円、同年

11月に倒産したモリモトの負債総額が1615億円だったことからすると、クリードの負債総額は1桁小さく、ひっそりと市場（マーケット）から消えていくこともできたはずだった。

にもかかわらずあえてDIP型にしたのは、スピードだった。法的整理の申し立てを裁判所が受理して再建計画を固めるまでの期間が従来の半分の半年強、つまり会社の法的手続きの再建スピードが従来手法の2倍だったのだ。

しかも、DIP型なら宗吉がそのまま管財人として会社に残ることができた。会社のしまい方には民事再生と会社更生の2種類があり、民事再生は経営者が引き続き残って債務整理にあたる手続きだが、会社更生は債権カットなどで債権者に対して強制力が強い半面、通常、経営者は居残れない。しかしDIP型の会社更生手続きなら、それができるのだという。

かくしてクリードは東京地裁に対してDIP型の会社更生手続きの開始を申し立てた。事実上の経営破綻だった。単体での負債総額は650億円。その2年後、クリードはほぼすべての所有物件を売却して更生手続きを終了し、静かに日本の不動産市場から姿を消した。

1

ベトナム――最良のパートナーとタッグを組む

アジアにはチャンスが唸っている

2011年、宗吉はシンガポールにいた。「もはや日本には未練はない」。東京から自宅を移し永住権を取得、ゴルフと読書の日々を送っていた。

当時、宗吉がぼんやりと狙いを定めていたのがマレーシア。ジョホール州で道路や下水道などインフラを整備、東京都とほぼ同じ面積の広大な土地を開発する「イスカンダル計画」が動き始め約5年が経過していた。

「一敗地にまみれた日本ではまだ信用はない。しかし新天地のマレーシアなら法的整理をした会社だとか、過去のことなんか、気にする奴らもいない」。そう感じていた宗吉は、マレーシアの政府が進める巨大プロジェクトに目をつけた。国家プロジェクトなら必ずインフラ整備は進む。そうなれば不動産価値は上がるはず。周辺で2億～3億円を投じ、2ヘクタール程度の土地を取得、宅地開発を画策していた。

たまたまディナーを共にしていた旧知の仲の投資家、村上世彰にそれを伝えると、村上は間髪入れずにこう言った。「チマチマやってないで、ガツーンと行きなよ。ガツーンと」

村上の言葉に後押しされたわけではないが、宗吉は「ガツーン」と行った。地場の大手不動産会社が高所得者向けに展開していた住宅開発で一気に攻めた。最初は49%、契約条件に従って買い上がり、最後はプロジェクトを100%手中に収めた。

大きく資金を投じ大きく勝負する――。しかし、高所得者や投資家の市場の層は意外に薄かった。販売は思ったようなペースでは進まなかった。

そして2015年のチャイナショック。円が切り上がった。円安時代に多額の資金を投じて取得していた不動産の価値が、円ベースで一気に目減りしてしまった。他の2つの案件を含め、マレーシアのプロジェクトの採算そのもので損が出たわけではなかったが、大きな為替差損が宗吉の手元に残った。

「これじゃダメだ」。方針を180度転換する。「アジアに出てきたのは、人口増加率と経済利益率に着目したからだ。中進国の罠に陥っているマレーシアで、高所得者や投資家向けマーケットを狙ってビジネスをやっていても意味がない。狙うターゲットは分厚くこれから成長する低・中所得者層に絞り込んだ方がいい」

宗吉はビジネスのやり方を根本的に見直した。できるだけ為替の影響を受けないよう投じる資金を絞り込み「1の金で10のプロジェクトを回す」。そのためにプロジェクトにはガッチリ噛《か》み、土地の仕入れから商品設計、販売まですべて手づくりで仕上げるやり方に切り替えた。

今、クリードが事業を展開するのは東南アジア8カ国。すべて低所得者または中所得者に向けた草の根の住宅開発だ。これが当たった。

東南アジアの新興国ではこのところ年率5~7%で経済成長が続く。人口の平均年齢は日本の47・7歳に比べいずれも20~30歳代と若く市場には力がたぎる。いくつかの国で仕掛けている1000戸単位のマンションや戸建ての開発プロジェクトが、売り出した瞬間に売り切れる「即完」状態だ。

「アジアにはチャンスが唸《うな》っている」と宗吉。多い日なら1日に2回、3回と国境を越える日々を送りながら「不動産の成長エネルギーを取り込めば、まだまだ行ける」

それはクリードの数字が物語る。2020年段階で手がけた住宅は仕掛かりも含めて3万5000戸。総事業開発費は4000億円に上る。

「ベトナムで一番になる」

ある平日の午後のこと。ベトナムで業務提携している企業を訪れ、職場のドアを開けた。違和感があった。ほんのりとアルコールのにおいがするのだ。「何だろう……。このにおいは」。ふと見ると男たちの顔が、かすかに赤い。机の上にはベトナムの代表的なもち米焼酎「ネプモイ」の瓶。宗吉が顔をのぞかせると親日国らしい人なつっこい笑顔で「やあムネヨシさん。コンニチハ。元気デスカ」――。昼間から職場で焼酎をあおっているのだが、当事者たちは何の罪悪感もない。あまりに屈託のない様子に宗吉も「何だ。昼間から酒なんか飲んで。しっかり仕事をしてくれよ」と言うのを忘れた。そして思わず笑顔で「やあ、コンニチハ」と返してしまった。

2011年5月、シンガポールに居を移し、東南アジアで再び不動産ビジネスを手がける決意をした宗吉が、最初に攻略すべき国の1つとしてあげたのがベトナムだった。

ベトナムはリーマン・ショックと時を同じくしてベトナムバブルが崩壊、不動産市場も大きな影響を受けていた。街中には屋上にクレーンを置いたまま途中で工事が止まったオフィスビルやマンションがあちこちにあった。まさに「底」だった。宗吉にとってこれほどのチャンスはなかった。

しかし、実際に進出するとなると前途多難だった。ベトナムではまだ「働く」ということがどういうことか、分かっている企業は少なかった。クリードがベトナム進出の足場をつくろうと提携先に選んだ老舗企業もまたそうだった。

ベトナムは国土を南北に分断し戦ったベトナム戦争の後、カンボジアに侵攻、中国とも戦い、1980年代後半まで国が紛争を抱える状態が続いた。その後、最大の後ろ盾だったソ連が崩壊、ベトナムも1990年代から市場主義化に転じた。

それはちょうど、太平洋戦争に負けた日本がたどった戦後の軌跡とよく似ていた。日本も戦争が終わった1945年から1950年ごろにかけてベビーブームとなったが、ベトナムもカンボジア・ベトナム紛争が終結した1985年から1990年代前半にかけベビーブームとなった。

このベトナム版の団塊の世代が平均年齢を引き下げ、今や国民の平均年齢は30・9歳。47・7歳の日本に比べると極めて若い。サイクル的には日本よりもちょうど40年遅れ。今、まさに成長期なのである。

国が若い分、経済の成長力もすさまじい。「人口が1億人に届こうかというレベルにまで拡大、平均年齢が低く、経済成長率が高いとなれば、住宅マーケットが停滞したままであるはずがない。必ず目覚ましい成長期に突入する」

実際、都市部の良いところなら土地の値段は数年で数倍にもなった。「ベトナムはチャンスだ。放っておく手はない」。目を付けた宗吉は2014年、同国最大の都市ホーチミン市にクリードの拠点を設立し、住宅開発事業に乗り出したのだった。

ただ、ベトナムで不動産プロジェクトを進めていくうえで、まず必要なのは地元のパートナーだった。現地企業と組まなければ、日本企業だけでは一歩も進めない。優良な土地の情報が外国人に来るわけはないし、土地の使用権の取得やマンション建設の許認可取得も外国人には難しい。日本において、日本語を話さない外国人がいくらお金を持ってきても土地の権利調整や建築許可を取るのが難しいのと同じだった。

クリードもその慣習に従った。地元の老舗の不動産会社を見つけ出し、ガッチリ手を組み仕事に乗り出したつもりだった。だが、どうも勘が狂う。宗吉の時間は東南アジアの不動産ビジネスで自分の持ち金を託した投資家たちの時間でもある。日々、稼ぎ続けることが至上命令なのだ。そんな宗吉には昼間から酒を飲んでいる提携先のベトナム人の行動は、どうしても理解しにくい面も多かった。

ただ、もちろん宗吉も分かってはいた。ベトナムは40~50年前の日本なのだ。かつては日本もこうだった。例えばベトナムでは重要な商談の場合など昼間から焼酎を飲むのは珍しくないが、現在の日本ですらやっぱり人とのコミュニケーションを円滑にするには酒は欠かせない。

そもそもベトナムで不動産業を営むなら「人脈こそすべて」。大きな土地を売りたがっている人の話も、手抜きをしないゼネコンがどこかといった情報も人脈を伝って入ってくる。職場にコミュニケーションに不可欠な酒があるのはごく自然なことだった。

だから宗吉も何も言わなかった。仕事をやってくれればそれでいい。人様の国の文化に文句を言うつもりはなかった。しかし、「それにしても……」。宗吉はどうしても納得できなかった。

新しいベトナムのパートナー

ベトナムのビジネスのスタイルは分かってはいたが、それでも宗吉はもう少し若い現地の新興企業とも仕事をしてみたかった。

「ベトナムの市場環境は高度成長期の日本に似ている。成長意欲にあふれている」

「古い体質に浸っていない若い経営者と仕事がしたい。俺が欲しいのはスピードだ。うかうかしていたらこの国の成長の果実を取りこぼしてしまう。老舗企業とは別に、もう一つ若い会社を探してくれないか」

宗吉はベトナムの駐在員事務所長の山口真一に依頼した。山口はホーチミン中の不動産会社をかけずり回った。全部で30数件、モデルルームを1つずつ回った。夕方のスコールの時はホーチミン市の中心地であっても道路が水没、長身で足の長い山口でも膝まで泥水につかった。泥水につかりながら山口はホーチミン中のマンションのモデルルームを回った。

山口は言う。「どれも『こんなモデルルームを造る会社からマンションを買うのはちょっとどうかな』と躊躇《ちゅうちょ》したくなるものが多かった」

しかし、回っているうちに「これはいいんじゃないか」というモデルルームを見つけた。ベッドには高級なクッションが置かれ、本棚の脇にはベトナムではまずお目にかかれない、しゃれた地球儀が飾ってあった。聞くと、この会社の社長夫人のホー・ティ・グエン・アンがわざわざタイにまで出かけて買ってきたものだという。以前は不動産サービス大手のＣＢＲＥで働いた経験があり、ビジネスの勘所もいい。「この会社、いけるんじゃないかな」。２０１５年のことだった。

この会社こそ現在、クリードがベトナムのプロジェクトで二人三脚を組むアンギアだった。当時、社員数は１００人そこそこ。他社が造ったマンションの販売を請け負う会社だった。どこにでもある街のちょっとした不動産屋。そんな風情だったが、社長のグエン・バ・サンはその辺のどこにでもいる社長とはまるで違った。山口が会うと「僕らは最高の仕事をする。ホーチミン市で一番、そして10年後にはベトナムで一番のデベロ

アンギアのモデルルームはモデルの写真撮影にも使われるほど最先端

ッパーになる」。自信満々にきっぱり言い切った。
社長のサンは身長160センチと小柄だったが、年齢は30歳を少し過ぎたくらい。若さがあり、全身にエネルギーをたぎらせていた。山口は一目で気に入った。山口から「いい男がいました。ぜひ会ってみてください」と報告を受けた宗吉も、サンに会うとやはり気に入った。
クリードとアンギアはすぐに組むことを決めた。
アンギア本体に20％出資すると同時に、アンギアが持ってくるプロジェクトでもJV（共同企業体）を組んでいく方式だ。

アンギアとクリードが2015年以降、現在までに取り組んだプロジェクトは全部で6つ。業績も急成長、クリードと組む前の2014年、3000万円の赤字だった最終損益は2018年には14億4000万円の黒字に達した。最短の1～3年先の上場を目指すというが、確かにやる仕事、やる仕事がうまくいった。

新築マンションプロジェクト「スカイ89」もそうだった。2018年8月4日、ホーチミン市で中・低所得者向けに300戸（1000万～1500万円）を売り出したのだが、たった2時間ですべてが売れた。「蒸発」だった。モデルルームはホーチミン市内の中心地から10キロ、サイゴン川沿いに設けられたが、発売のイベントは市内のイベントホールを借り切って行った。

まるで有名ミュージシャンのコンサートのようにざざっと人が詰めかけ、開場と同時に購入者でごった返した。実際、歌手がやってきて歌ったり、サーカスのようなショーも行われたが、購入者はさっさと契約を済ませ、午前中にマンションは完売、午後になると会場は午前中の喧噪がウソのように静まり返った。

アンギアの創業は10年前。クリードとの提携のおかげで今ではホーチミン市のタンソンニャット国際空港の目の前に巨大看板を掲げる、ホーチミン市でもベトナムで五指に入る不動産会社となったが、もともとは街の小さな不動産屋だった。その小さな不動産屋にクリードが販売ノウハウとプロジェクト資金と知恵、さまざまなノウハウを注ぎ込み、成長軌道に乗せたのだった。

成長ぶりは数字が裏付ける。アンギアがクリードと提携したのは2015年。当時の売上高（2015年12月期）は約4億円、最終利益はたった4600万円だった。これが2018年12月期には売上高は19倍の74億6000万円、最終利益は30倍の14億4000万円。クリードと提携して以降、成長ぶりはすさまじい。

しかし、宗吉は「まだまだ。始まったばかり。ベトナムで不動産ビジネスはさらに成長する」と話す。

ベトナムは「バブルと言うならバブル」

ベトナムの不動産市場は今、極めて活況だ。条件がいい土地なら2年で2倍になる。

「バブルというならバブルだ」（宗吉）。特に高額所得者や外国人投資家向けのマンションの販売価格はうなぎ上りだ。一方、中間層向けのマンションは毎年10％程度の価格上昇。かつて日本が経験した1991年のバブル崩壊や2008年のリーマン・ショック後のように「一気に下落するようなことはない。あっても『調整』だ」と分析する。

宗吉に言わせればそれぞれ「国の経済成長は結局、人口動態で決まる」。日本が低成長時代に突入したのも人口減が大きな理由。2000年の手前で伸びが鈍化し、2008年をピークに減少に転じたことが経済成長の足かせとなった。

ベトナムの場合は日本と違い人口は増える。GDP（国内総生産）の成長率6・81％（2017年）は続かないとしても、国民の平均年齢は若く30・9歳。日本で言えば1975年前後の水準で、まだまだ伸びしろはある。長い目で見れば経済は右肩上がりだ。「それならば、より早く、よりたくさん買ってたくさん儲《もう》ける。それが基本だ」。宗吉と面識のある投資家、村上世彰はかつて宗吉にこうアドバイスした。そしてこうも言った。「経済が成長する過程では、一定期間に必ず、リーマン・ショックなどのイベントが発生する。それを忘れてはならない。そうしたリスクが発生した時にも経営が揺らがないビジネスモデルを構築しておかなければならない。だから資金も極力、効率的に運用すべきだ」

　それを宗吉は実践しようとしている。とりわけ肝に命じているのが資金の効率的な運用だ。当たり前のようだが、実に重要なことである。アジアで不動産を始めた頃、宗吉はマレーシアで為替差損を被り、手痛い失敗をした。プロジェクトそのものは黒字なのに、為替差損が黒字を吹き飛ばした。以来、宗吉はこれを教訓とし、為替の影響を極力受けないように投資資金を小さくしプロジェクトを回すことを心がけている。また、ベトナムはそれができる国でもあった。

　ベトナムの場合、特徴的なのは住宅ローン制度がしっかりあることだ。しかも、日本よりも早い段階で購入者に融資を実行してくれる。ベトナムも日本もマンションの売買は物件が完成する約1～3年前に購入契約を結ぶいわゆる「青田買い」。ただ、日本の場合、購入者は最初に分譲価格の10％程度を支払ってくれるが、残り90％は物件が完成しないと入金してくれない。しかしベトナムは違う。

「ベトナムの場合、中・低所得者向けの住宅ローンがつけば、マンションが完成するまでに購入者は定期的にお金を振り込んでくれる。だいたい50～60％はマンションが竣工する前に支払ってくれる」（宗吉）

しかも日本とベトナムで違いが大きいのは土地代だ。日本ならマンションの価格の約50％が土地代なのに対して、土地が安いベトナムならせいぜい10～20％で済む。日本の不動産会社はまず土地を買わないと話にならないが、ベトナムの場合、そのコストが極めて小さい。

土地を押さえてマンションを「青田売り」してしまえば、後は契約者からお金が入る。そのお金でゼネコンにマンションの建設費を支払っていけばいい。わざわざ日本や米国などの金融機関、投資家から巨額の資金を調達し、円やドルをドンに換え為替リスクを抱え込む必要はない。手持ちの資金で十分にプロジェクトを回していけるわけだ。

この資金効率の良さこそ「ベトナムのプロジェクトの面白さ」と宗吉は言う。アンギアのサン社長とは最近、「ずっと組んでやっていこう。ガンガン」と約束したというが、当面、クリード―アンギア連合が失速する気配はない。

中間所得層を狙え！

「スカイ89」以外でも実績は積み上げられつつある。

サイゴン川のほとりの高層マンション。100メートルはあるかと見える室内プールは満々と水をたたえていた。大きくとった窓からはホーチミン市内を一望でき、まるで自分が空中に浮いているかのような錯覚に陥る。これがベトナムでは標準的な中間所得層向けのマンション（1000万~1500万円）だと言えば日本人は驚くだろうか。1階には手ごろな価格で買い物ができるコンビニエンスストアも入居する。

マンションの名前は「スカイライン」。もともと地元の不動産会社「バン・ファット・フン」が開発を始めた7区の中間所得層向けの物件だったが、2009年にベトナムの景気が低迷、経営不振に陥ったことから資金繰りを心配した消費者が購入を手控え、プロジェクトは計画途中で暗礁に乗り上げてしまった。

これを引き継いだのがクリードのベトナムでのパートナー、アンギアだ。アンギアの猛烈な販売力のおかげでスカイラインは総戸数471戸を半年ほどで完売、すでに全戸引き渡しも完了してしまった。

アンギアが手中に収めたのはスカイラインだけではない。当初、バン・ファット・フンが計画していたのはスカイラインのほか7棟のプロジェクトだったが、それを次々と自社プロジェクトに引き込み、結局最後は8棟すべてをバン・ファット・フンから引き継いだ。現在、6棟目の高層マンションを手がける。ほぼ完売にメドが付き、2019年には7~8棟目の開発に着手した。

「自分たちがベトナムで狙っているのは中間層だ。中間層を相手にしたビジネスモデルは強い。このターゲットを外さない以上、大きく失敗することはない」。宗吉は自信満々だ。

確かに宗吉が言う通りベトナムの中間所得層は急激に力をつけつつある。まず賃金。2017年の一人あたりの国内総生産（GDP）は2300米ドルだったが、これは10年前（2007年=800ドル程度）の約3倍だ。ここに来て中間所得層は一気に豊かになってきた。

そしてその中間層のマネーが向かう先が住宅だ。これまでベトナムの中間層は3世帯以上が同居するのが普通だった。父親の弟の家族まで含む大家族も珍しくなかった。

しかし、これも今となっては「一昔前のこと」（山口真一ベトナム駐在員事務所長）。「1世帯で1戸の家」という先進国では当たり前の住環境に、ベトナムの一般的な世帯も着実に近づきつつある。

特にベトナムでは住宅ローン制度の整備が進んでいるうえ、国民が勤勉なこともあって「中間所得層なら貯金または親族からの援助で頭金相当の300万円程度は資金を用意できる」（山口）。中間層は豊かになった順から「スカイライン」のようなプール付きマンションを購入していく。

クリードが提携するアンギアもこうした中間層の勃興と歩調を合わせ、業容を急拡大させている。ただ、だからといってクリードは無節操にアンギアに入れ込んでいるわけではない。よく見ると周到にセーフティーネットを張り巡らせている。

特に慎重なのはアンギアに対する資金注入の仕方だ。マンションプロジェクトはちょっとしたアクシデントや風評、景気変動で事業環境が大きく変わりやすい。そのために「できるだけ素早く資金を引き揚げることが重要」と宗吉は言う。

周到な資金注入で市場を攻略

ではどうするのか――。クリードが利用しているのが特別目的会社（SPC）。プロジェクトごとにSPCを設立、ここにアンギアと共同でお金を入れるのだ。そしてその際、重要になるのがお金の入れ方だが、クリードの場合、ここが巧みだ。

クリードはSPCに対し出資（エクイティ）と株主融資（ローン）でお金を入れる。この2種類の方法でお金を入れるのがポイントだ。特に大切なのはローンの方。エクイティ方式に比べローンはお金の回収期間が極めて短い。エクイティ出資の場合、マンションが全部売れてSPCを解散して初めてプロジェクト全体が完了、お金が返ってくるのに対して、ローンならSPCにお金が入る都度、返済してもらえる。

こうした用意周到さはベトナムのような発展途上国でマンションビジネスを展開する場合、非常に重要になる。ベトナムのマンションの販売は日本と同様、建物が完成する前に物件を販売してしまう「青田売り」が通例だ。しかも物件を購入者に引き渡す前に、50～70％の代金を支払ってもらえる。つまりローンでお金を入れている場合は、契約者がまだマンションに入居していない段階であってもSPCを通じ、お金を順次、返してもらえるわけだ。

これはリスク管理とともに資金効率を考えるうえで大きな利点がある。1つのプロジェクトが完全に終結しないうちに資金を回収、別のプロジェクトに振り向けられるからだ。それだけ資金を寝かせておく時間が短くて済む。ベトナムのように急拡大している中間層向けの市場を素早く攻略する場合はとても大切なノウハウで、こうしたクリードの手法はベトナム市場攻略の典型的なモデルケースといえる。

とはいえマンションデベロッパーにとって最も大切なのはマンションを売ること。マンションが売れなければ話にならない。その点、クリードの提携先であるアンギアはベトナムのなかでは卓越した企業だと言っていい。営業というものがよく分かっている。まず歴史のある老舗企業にありがちな尊大さがない。

例えばアンギアの場合、モデルルームには必ずドアボーイを置く。手には大きな日傘。モデルルームを訪れた客が車から降りるとさっと駆け寄り、日傘をパッと広げ日差しを遮ってくれる。日本なら珍しくないかもしれないが、社会主義国の同国にあって、これだけホスピタリティー旺盛な対応は珍しい。しかも、それはモデルルーム造り、運営から商品設計すべてにわたる。

「アンギアいいね！　あなたも買ってみたら」――。ベトナムのトップデザイナー、ドーマン・クン。「2、3年前にふらっとアンギアのモデルルームに立ち寄り、良さそうな物件だったので購入すると見事に値上がりし、転売して結構な利益を得た。それ以来、新しい物件が出てくる度に購入しているが、やっぱり値上がりしている」

買えば上がる物件――。そんな口コミの効果もあってか、アンギアは急成長、今ではベトナム国内では有数の不動産会社だ。

不良資産化したプロジェクトも立て直せる

それにしても買えば上がるマンションとは。いったい秘訣はどこにあるのか。まずブランド力だ。ホーチミン市内の大型モデルルームを訪れてみると、いかにアンギアがそのブランド力を大切にしているかが分かる。モデルルームに置いてあるタイ製の家具は、雰囲気がモダンでセンスもいい。入り口には足を置くだけでビニールのフィルムが自動的に靴底を覆ってくれる機械があり、モデルルームは清潔さを保っている。「今どきのライフスタイル」の象徴といえ、モデルルームには雑誌やホームページ用に若い女優たちが日替わりで撮影にやってくる。

単なるイメージだけではない。住人の視点から見た細やかな設計や工夫は、他のベトナムの物件にはなかなか見られない。「商品づくりにこだわり抜いた」（グエン・バ・サン社長）アンギアならではだ。

具体的にはエアコン。蒸し暑いベトナムではベッドに寝ている人に直接風が当たる場所に設置するケースが多い。しかし、アンギアは違う。あえてベッドから離し、ベッドサイドから風を送る。ガラスの仕切り板を設け、寝ている人の側面からやわらかく風を送る工夫も施した。

窓もまた同様。ベトナムではリビングなどの窓は胸の高さに取り付けるのが一般的だが、アンギアは膝の位置までグッと下げる。窓のスペースを広げることで、部屋の開放感が増し雰囲気が華やぐ。

こうした配慮は施工経験とユーザーからの声の集積の結果だ。ではなぜ、アンギアはそれができるのか——。実は提携しているクリードのノウハウを活用しているのだ。2

015年12月期以降、アンギアとクリードはベトナムで二人三脚、共同でプロジェクトを手がけている。部屋の設計やデザインなどもクリードが全面的にサポートしており、これがアンギアの扱う商品の価値を大きく引き上げている。

それが証拠にクリードとの提携以降、アンギアが手がけたプロジェクトは全部で6案件だが、いずれも好調だ。ほとんどの物件が売り出し初日に売り切れる「即日完売」状態だ。

立地と価格のバランスもうまい。実はアンギアが手がけるプロジェクトの多くは「7区」にある。この立地こそアンギアのプロジェクトが強い理由だ。

ホーチミン市で最も有名なオフィス街は「1区」。ここには大企業が多い。その1区に通う人たちが多く住むのが「7区」なのだ。とりわけ「フーミーフン」と呼ばれるエリアは台湾や韓国、日本人学校もある高級住宅街。1975年に終結したベトナム戦争時、南ベトナム解放戦線の砲撃拠点となっていたエリアの近くだが、その後、台湾マネーで整備が進んだ。今では大和ハウス工業や野村不動産など日本のデベロッパーも大規模開発を進める新都心だが、アンギアはまさにここを狙った。

高級住宅街のフーミーフンと同じ7区でありながら、フーミーフンの中ではない。いわゆるコバンザメだ。フーミーフンの隣だから環境はいい。しかもフーミーフンそのものではないために値段はそれほど高くない。土地代に建築費を乗せ、利益を含めても1戸あたり1000万〜1500万円。フーミーフン・エリアの物件に比べ3〜5割割安だ。ベトナムでは日本同様、買えるマンションは年収の5倍だが、この価格帯なら中間層が十分に買える水準なのだ。

立地はいいが価格は安い。本来持っている不動産の価値より低い価格で土地を仕入れ、それを引き上げていく。その手法はまさに宗吉が日本で培ってきたやり方だ。

そしてもう1つ、現在7区で進める高層マンション8棟の案件などは、いったんは不良資産化していたプロジェクト。もともと地元ベトナムの大手デベロッパーが立ち上げたが、景気低迷で販売がストップしていた案件をアンギアとクリードで立て直した。

これこそ宗吉の真骨頂だ。伊藤忠商事の不動産部門で不動産取引のノウハウを蓄積、その後、不良債権の算定と収益化を手がけてきた宗吉でなければできない芸当だ。

日本の投資家、村上世彰によれば、不動産投資の要諦は「その不動産が本来持っている将来価値を誰よりも早く見抜くこと」。そして宗吉は不動産投資の勝ち方を「スピーディーに不動産価値を見抜き、安く買って高く売ること」と言う。

法則は日本でもベトナムでも同じ——。そのことをクリードは証明してみせている。

1ドルの差で転職

3年に1度は会社を替わる——。ベトナム駐在員事務所長の山口真一が言うベトナム人の離職率のイメージだ。民間の調査会社の調べでも離職率は30〜60％前後。「とにかくよく仕事を替える」

しかし、それはベトナム人の気質がいい加減であることを意味しない。むしろその逆。とにかく勤勉、そして倹約家。だからこそ給与に対してはシビアなのだ。「1ドルでも給料が高いなら、さっさと今、勤めている会社を辞めて移ってしまう。今日までうちの工場で働いていたと思ったら翌日、隣の別会社の工場にいた、といったことが実際にあった」。日本の大手製造業のベトナム工場長の話だ。

裏を返せば、給与面で正当に処遇すれば勤勉な若いベトナムの世代は動くということでもある。これがベトナムで人を使う時の忘れてはならないツボだ。クリードのベトナムの別動隊、アンギアはそこをよくわきまえている。

まず、アンギアは販売員が新築マンションを分譲した際のインセンティブが業界水準の平均値よりかなり高い。アンギアが新築マンションを販売する際、自社で販売員を抱えておけないので、販売会社から販売員を派遣してもらう。その販売員がマンションを1戸売ってくれたとすると、販売員を派遣してくれた販売会社に物件価格の3・5％を支払ったうえで、それとは別に1・5％を販売員個人にも支払う。

例えば20億ドン（約1000万円）のマンションを売ったとすると、販売員個人には3000万ドン（約15万円）が渡る。販売員の月収額は1000万ドン（約5万円）なので、1戸売ると月収の3倍程度のインセンティブが手に入る計算だ。これは大きい。

ベトナムの他のデベロッパーの場合、販売員個人が受け取る成功報酬は「0・8〜1・0％くらいが相場」（山口）。アンギアとの差は最大で月収の1・9倍つく。

販売員にだけではなく、成績優秀者を後方支援したスタッフにも賞金を贈る。成績優秀者が所属するチームにも4000万〜6000万ドン（約20万〜30万円）程度の賞金を贈る。スター営業マンを評価するだけなく、それをサポートする人たちも評価することで、チームプレーにも意味を持たせる。顧客の横取りなど不必要な摩擦が起きない仕掛けだ。もちろんお金は約束した期日に遅れずに支払う。これも日本では当たり前のことのようだが、ベトナムでは信頼を得る重要なポイントだ。

アンギアが提携する販売会社ナム・フン・ランドの社員ビエン・グエン（31）は「アンギアはインセンティブについても金額、支払い時期など細かい説明をしてくれるので、安心して仕事ができる」と言う。

お金だけではない。販売プロジェクトのフィナーレを飾る最後のパーティーでは、成績優秀者にはスマホなどのプレゼントがある。時にはサン社長が「大きなロブスターを買ってきて振る舞うこともある」。

パーティーにはサーカスやバンドを呼ぶこともしばしばだ。会場を巻き込み雰囲気を盛り上げ、パーティーが最高潮に達したところで全員の前で成績優秀者にトロフィーを渡す。販売員にとって「最高の日」の演出だ。アンギアにはそれを専門で担当するチームすらある。

こんな計らいもアンギアならではだ。日ごろ、どぶ板を踏み営業している販売員は苦労の連続だ。その努力が報われ数字に結びついた時、「誇り高いベトナム人は周りに認められたい。私はもともと営業の現場からのたたき上げ。販売員たちがこんな時、どうしてもらいたいか、よく分かる」とサン。「褒められる」ということが報酬の高さ以上に大切であることをよく理解している。

社員たちを惹きつける〝挑戦する社長〟サン

事前の準備も怠らない。これも大切だ。アンギアでは発売の1～2カ月前に販売員たちを集めて説明会を開くのだが、この場で入念に一体感を醸成する。まず説明会でアンギアがプレゼントした同じポロシャツを販売員全員に着てもらう。大規模プロジェクトの場合、販売員はアンギアだけでは人手が足りない。販売を委託する別会社も心を1つにする必要がある。同じポロシャツを着て、説明会で一緒に説明を聞く。「マンションが全部売れ、プロジェクトが完了するまで仲間だ」という印だ。

説明会では社長のサンが前面に立つ。売ろうとしている物件は「何にこだわっているのか」「どこが他社の物件より優れているのか」「どんな顧客にどんなふうに住んでもらいたいのか」を1日かけ徹底的に販売員たちに理解してもらう。

アンギア社長、グエン・バ・サン

そして、①信用、②スピード、③改善・改良、④チームワーク、⑤深く考えること――。サンは自分が大切だと考えるこの5点に関して情熱的に語り、販売員たちを1つにまとめていく。

創業時からサンの右腕である副会長のグエン・チュン・ティンは「サンは常に挑戦し、学んでいく姿勢を失わない。そしてその姿が社員たちを惹きつける」と話す。

サンはホーチミン市経済大学を卒業、いったんは大手不動産販売会社「ニュー・アーバン・リアル・エステート・JSC」に入社、販売員として働く。「どういう商品が客に受け入れられるか、どうすれば販売員たちのモチベーションが高まるかを理解した」

2007年にアンギアの前身となる会社にセールスマネージャーとして入社、2008年6月にこの会社の株を全株買い取りアンギアを創立した。「大きなビジョンをみんなが納得できるよう語ることができる一方で、商品づくりについては細部のディテールにまでこだわる人物。日本に来ても朝から晩までモデルルームを巡って勉強している」(宗吉)

ベトナムのマンション販売は物件が完成する前に営業活動が始まる。日本と同じ「青田売り」。モデルルームなどはあるが、顧客は建物の外観も見られない段階で購入を決めるわけだ。だから販売員自身がマンションを徹底的に理解し、自信をもって顧客に商品を紹介できなければならない。そのため、販売員にマンションの特徴を理解してもらう事前説明会が極めて重要だ。

成長著しいアンギアには、出資したいというアプローチも来ているとサン。「現在、欧州系大手ファンドとアジア系大手メーカーと話をしている。第三者割当増資による出資を検討している。相手の名前は言えないが、だれもが知る企業ですよ」

東京ドーム6個分の巨大プロジェクト

クリードはアンギアとともに、ホーチミン市の中心地からやや外れたエリアでもビジネスを手がける。ビン・チャン区だ。2019年9月までは、背丈を超える雑草をかき分けながら大きな牛が悠然と歩を進めるようなエリアだった。宗吉はいつも頑丈なトヨタ自動車のフォーチュナーに投資家たちを乗せ、現地を案内、あちこち指をさしながら自信満々でプロジェクトの内容を説明した。

ビン・チャン区はホーチミン市の中心部から西に15キロメートル。宗吉が指さした草むらは東京五輪の翌年の2021年、クリードとその提携先であるアンギアによって広大な住宅街に生まれ変わる予定だ。

プロジェクト名は「BC27」という。まだ単なる仮称だが、すでにベトナムの不動産業界での注目度は高い。27ヘクタール。東京ドーム6個分近くという広大な敷地に1351戸の一戸建てを建設する巨大プロジェクトだ。

広さだけではない。一番広いところで幅40メートルの幹線道路を敷設し、電柱や電線を地下に埋設する景観配慮の街は、ベトナムではまだまだ珍しい。共用広場にはプールや公園、ジムのほか保育所なども設ける予定だ。「これだけの広さで統一感のある街はしばらく出てこないだろう」と宗吉。そして「電柱も電線もない最新鋭の街づくりは、ベトナムでクリードの名前を浸透させることになる」と言う。

ただ、驚くのはこの戸建てが中間所得者向けだということだ。周辺の工業団地にバイクで働きに出ている人たちへの販売を検討しており、価格にしてせいぜい1戸あたり1400万円。高くても2000万円はしない。だから「出した分はすぐ売れるはず」（宗吉）。分厚い中間所得者を狙うという宗吉の戦略は、マンションだけでなく一戸建てでもそのまま踏襲されている。

クリードが開発を進めるBC27があるビン・チャン区は、ホーチミン市の中心部から車で30分程度離れた古い町で中間所得者も多い。2キロメートル離れたところにイオン3号店や病院、学校なども あり地の利も決して悪くない。とはいえ「資産価値の高いエリアではない」（山口真一ベトナム駐在員事務所長）のもまた事実だ。

それでも、それだけの土地を中間所得者向けの開発プロジェクトとして採算の合う価格で仕込める日本のデベロッパーは、クリードのほかにはまずいない。いったいクリードはなぜ、それができたのか——。それはクリード自身がベトナムの不動産市場に入り込んでいるからだ。日本のデベロッパーが東南アジアで事業展開する場合、資金だけを提供し、現地での事業は出資先に委ねるケースが少なくない。お金は出した、後は人任せ、お金を出した分、勉強させてもらえればいい、というスタンスだ。

しかし、クリードは違う。設計から販売、資金調達までプロジェクトにがっちり入り込む。BC27の用地もプロジェクトで地元の大手デベロッパーNBBと組み、別のプロジェクトを進めていたところ、NBBがビン・チャン区で地上げしていた土地を売却したがっているという情報をキャッチしたのだった。

BC27の場合、この土地がなければプロジェクトは成立しなかった。例え地元のアンギアを使ったとしてもホーチミン市でBC27プロジェクトほどの土地を一からまとめ上げる力はまだない。反対に最初からまとまった1枚の土地だったなら大手資本が高値で落札してしまう。クリードがNBBの動きを独自ルートで入手、仕掛かり品の用地情報を取得できたからこそ、できたプロジェクトなのだ。

マンションにしても戸建てにしても不動産業は「立地8割」。これはベトナムも日本も同じといえる。用地の有無、そしてその用地の優劣がプロジェクトの成否を左右する。

いかに地元に食い込み、用地情報を吸い上げていけるか。それこそがその土地でプロジェクトを継続していくための要諦なのだ。

しかし、BC27プロジェクトは成功が決まったわけではない。山はまだまだこれからも続く。なにしろ一戸建て1000戸超。量が量だけに一気に売るのは難しい。2020年半ばに販売を開始し、約1年~1年半で売っていく計画だ。

8割売れてしまえば、後は無理に販売を急がない。残り2割は利益分。できるだけ利益を厚くするために、顧客の反応を探りながら引き上げていく。

プロジェクトは特別目的会社（SPC）を通じて展開するため、投資家への配当を一定水準、確保することはクリードにとって最優先課題の1つだ。BC27プロジェクトも、投資家への配当ベースのIRR（投資収益率）は20%程度だ。

IRR20%は今の日本ではかなり難しい。しかし、地価が上昇し続けているベトナムなら可能だ。このギャップこそ、クリードの存在意義といえる。

現在、日本の不動産の価格はほぼ天井。オフィスや賃貸マンション向けの用地は高すぎて手が出ない。収益率の高いホテルに切り替え、用地を購入するところもあるが、それもそろそろ難しくなりつつある。

勢い投資マネーは海外に向かう。クリードが吸い寄せているのはそうしたマネー。日本の銀行が国内の不動産デベロッパーに融資し、その資金を今度はその国内デベロッパーがクリードを通じて海外のプロジェクトに投資する。

２００９年、クリードは会社更生手続き開始を申し立て、２０１１年に更生手続きを終了した。一部の大手銀行は「再びクリードと取引してくれるようになった」（宗吉）。しかし、それだけでは足りない。今後、海外事業で大きく展開していくには投資資金をいかに引き寄せてくるかが課題となる。そのためにクリードはプロジェクトの成功を積み上げていく必要がある。

2

カンボジア――成長スピードは東南アジア随一

江戸の敵、プノンペンで討つ

カンボジアの首都プノンペン。カンボジア証券取引所（CSX）はその中心地106通り沿いにある。

現在、カンボジア証券取引所に上場する企業はたった5社。最も早かった上場案件は2012年4月18日、プノンペン上水道公社（PPWSA）だった。その後、カンボジア経済の順調さを証明するように1～2年に1社の割合で、カンボジアの情報インフラやエネルギー、インフラ関連の大手企業の上場が続いた。ただ、ほとんどがBtoB（企業間取引）のビジネスを行う企業ばかり。いわゆるBtoC（消費者向け）のビジネスを行う会社はない。住宅デベロッパーに相当する会社もない。

ところが6社目の上場企業は、これまでのカンボジア企業とは少し傾向性が異なるかもしれない。日系企業になりそうなのだ。その日本の企業というのが宗吉率いるクリードだ。２００９年1月、東証1部で上場廃止となったはずのクリードが、インドシナ半島の南に位置するカンボジアで息を吹き返そうとしているのだ。

あれから約10年。同じ場所で同じスタイルのビジネスをやっているようでは進歩はない。並みの経営者だ。舞台を東南アジアに移した宗吉は、カンボジアでも現在3つの巨大プロジェクトを手がけ、立ち上げた事業会社も5つになった。それらを1つにまとめてカンボジア証券取引所（CSX）に上場する計画なのだ。手続きが円滑に進めばあと1～2年で上場が完了する。日本から4000キロメートル以上離れたカンボジアで、クリードの名前が表舞台に登場する。

「日本は大好きだ。住んだり旅行をしたりするには、世界で最もコストパフォーマンスの良いところだ。しかし、ビジネスをやるには狭すぎるし成熟しすぎている。そして再チャレンジは難しい社会だ。自分が輝ける場所はアジアだ」と宗吉は言う。今、計画しているカンボジアでの上場がうまくいけば、それを1つ証明したことになる。

宗吉のカンボジアでの成功には、日本の投資マネーも期待を寄せる。カンボジア証券取引所によると、2018年上半期（1～6月期）の外国人による株取引のトップは日本人。外国人の取引の3割以上が日本人だった。「カンボジアが成長市場」との認識は日本でも次第に浸透しつつある。そんななかで日本の不動産会社であるクリードがカンボジア証券取引所で上場することに成功できれば、日本からの投資マネーの有力な受け皿となる可能性は高い。

ここまでの道のりは、決して平坦《へいたん》だったわけではない。宗吉は2010年代に入るとすぐにカンボジアでのビジネスに着手したが、最初は現地の商慣習がよく分かっていなかったし、失敗に次ぐ失敗だった。「カンボジアの市場を完全に見誤っていた」

その1つが、宗吉が2013年プノンペン国際空港に近接する場所で手がけた「ボダイジュ・プロジェクト」だった。2万3000平方メートルの広大な土地を取得し、高額所得者や外国人投資家向けの高級マンションの分譲事業に進出しようとしたのだった。6棟の住居棟を建設、全部で1000戸もの巨大マンションを分譲する計画だった。価格は1戸あたり1000万～2500万円。大卒の初任給が月200～250ドル

（2万2000〜2万7000円）のカンボジアにあって、現地の給与所得者が購入できるような価格帯ではなかった。かなり強気な値付けだった。しかし、カンボジアでは毎年7％程度で経済が成長していく。東南アジアのなかでも最も成長スピードの速い国だった。しかも売り出し当初、プノンペンはマンションブームのさなかにあった。「プロジェクトは決して大きすぎない。大丈夫。問題ない」。宗吉はそう判断していた。

確かにプロジェクトがスタートすると、最初の半年は面白いようにマンションは売れた。しかし、それは最初の半年だけだった。成長する市場に目をつけたのは宗吉だけではなかったのだ。中国系デベロッパーが相次ぎマンション分譲事業に参入をはじめ、カンボジアの不動産市場は瞬く間に飽和状態で供給過剰となった。

「この国に高級マンションはまだ早かった」

当然だった。カンボジアは経済が好調だとはいっても、その規模は極めて小さい。名目国内総生産（GDP）はベトナムの10分の1以下。日本の都道府県で言えば最下位の鳥取県と高知県の間だった。高級マンションを買える人々の層はまだまだ薄かった。

それに加えてカンボジアはドル経済圏。スーパーマーケットに行けば自国通貨のリエルと一緒にドルでも価格が表示されている。庶民の生活にドル経済がそのまま浸透しているのだった。当然、実質的な経済はリエルではなく、ドルで回る。その分、海外で蓄積していたドルをそのままカンボジアに持ち込み、不動産開発に振り向けやすかった。海外でドルを蓄えていた中国系デベロッパーがどんどん参入してくる素地が整っていたのだった。

こうなると万事休す。いったんは売ったマンションの契約が次々と白紙に戻されていった。積み上げられた契約変更の書類の山を見つめながら宗吉は痛感した。

不運もあった。「ボダイジジュ・プロジェクト」の土地の話を持ってきたのは宗吉の10年来の友人であるカンボジア人。2000年ごろ、宗吉がまだ東京で急成長を遂げているときに「何かアジアで社会貢献したい」とカンボジアに学校を建設したのだが、それを手伝ってくれたのが縁だった。

その友人は内戦のなかを生き抜いてきた男だった。ポル・ポト政権時代、命が危なくなりタイに逃れようと、自転車の荷台に弟を乗せ400キロメートルを走った。しかし、国境で見つかり兵隊に押し戻された。地雷原を戻っていくとき、撃たれた弾が頭をかすめた。弾はとても熱く、髪の毛が燃えた。何とか生き延び、建設業界でそれなりの立場を持っていた。そんな男だった。

その友人が「ムネヨシだけに言うのだが……」とささやいてきた。マレーシアの大手デパートチェーン、パークソン・ホールディングスが空港の近くに出店するという。その証拠に友人は自分が持つ空港近くの土地をパークソンに売却していた。

早速、宗吉は動いた。友人の言葉を鵜呑《うの》みにしたわけではない。ただ宗吉には「空港」と聞いて勝算があった。ベトナムのタンソンニャット国際空港を思い出したのだった。今ではビッグシティの中心地にある基幹空港だが、1990年代初頭にはホーチミン市の外れの空港だった。それがベトナム経済の成長とともに街の拡大に飲み込まれ、中心地の空港になってしまった。それと同じことがこのプノンペンでも起きるのではないか、と考えたのだ。それに加えてショッピングモールが隣にできるならば、なお間違いはないと判断したのだった。

実際、宗吉がプノンペンで取得した土地の価格は2倍に跳ね上がった。ただ、モールはできなかった。パークソンがモール建設に必要な資金が確保できなくなってしまった

ボダイジュ・プロジェクトから眺めたパークソンの出店予定

というのがその理由だった。工事は止まり、くいを打ち込んだだけで何の整備も進まない土地がむき出しになったままだ。

「もしもモールが計画通りできていれば……」。悔いてみたところで意味はないと分かりつつも、宗吉はそう思うこともある。それほど「ボダイジュ・プロジェクト」は宗吉の手を煩わせた。中国資本がなだれ込み、供給過剰状態になった後は、販売も難しくなり、当初、販売を任せていた販売代理店には事態に対処する案もなかったため、早々に手を切るしかなかった。

ただ、諦めるわけにはいかなった。土地は買ってしまっている。工事も始めてしまった。在庫の山を放ってはおけない。販売網の再構築で切り抜けるしかなかった。1つは国外、そしてもう1つは国内、この2つの販売ルートの整備に宗吉は乗り出した。

とりわけ国外は中国と香港、台湾の投資家に照準を絞った。責任者にシンガポール人を置き、そのうえで中国を5つのエリアに分割。それぞれのエリアで最も強い販売エージェントを洗い出すことから始めた。「中国は都市が違えば国が違うようなもの」。エージェントの選び方次第で売れ行きは大きく違う。宗吉も現場がどんなエージェントを使うのか自らチェックしながら、販売ルートを構築し直していった。

こうした努力が実を結び、中国人投資家に少しずつマンションは売れていった。そして2018年9月までに完成した3棟のマンションはほぼすべて完売、20％程度の利益率も確保した。「胃の痛いときもあったが、投資家や富裕層向けのビジネスがいかに難しいかよく分かった」と宗吉。今後、開発していくことになっている残り3棟については計画を見直し、投資家や富裕層ではなく中間層向けの商品に切り替えていく方針。マレーシアやボダイジュ・プロジェクトでの手痛い経験は、市場の大きい中間層向けのビジネスを組み立てていくことの重要性を宗吉に痛感させたのだった。

4倍に高騰したプノンペンの自宅

プノンペン国際空港近くの高級マンションプロジェクトでは苦戦した宗吉だったが、カンボジアでの自宅の購入はうまくいった。

購入した家からはメコン川が見える。夏は午前5時半、冬なら午前6時半。メコン川の川面を照らしながら昇る朝日を眺めていると、「やはり日本にとどまっていなくて正解だった。自分には今の生き方が合っている」と宗吉は思うのだった。

カンボジアの粗く挽《ひ》いた肉のソーセージと野菜をパンに載せ、カンボジアの醤油とライムを垂らす朝食。食べ終わると庭のプールで一泳ぎといった、日本では考えられないような朝の時間を過ごす。「例えようのない充実感がみなぎってくる」

宗吉がこの家を購入したのは2012年。プノンペンの北東部、メコン川とトンレ・サップ川に挟まれた土地にこの家はある。もともとイタリア人が持っていた家だったが

宗吉の自宅から見た日の出

価格は6000万円。ベルギー人が設計した水深2メートルのプール付きの、ヨーロッパの雰囲気とカンボジアのスタイルが混じり合ったこの家の佇まいが気に入り、購入を決めたのだった。

家の敷地の一角に運転手と料理人を住まわせ1カ月4万円。投資家の村上世彰や日本の1部上場企業のトップなど知り合いがカンボジアにやってくると家に呼び寄せ、夜更けまで議論する。家の価格は買ってから7年も経たないうちに4倍近くの2億円超にまで急騰したが、「収穫期になると数百の実がなるマンゴーの木がとても気に入っている。今は売る気はない」。

「何ともいい物件を探し当てた、さすが宗吉」と言いたいところだが、実はそうではない。上昇しているのは宗吉の自宅だけではないのだ。周囲の不動産価格も高騰している。

このところのカンボジアの経済成長率は極めて高い。2015年が7・2%、2016年と2017年はいずれも7・0%だった。「経済成長は大きくみると人口動態に影響される。基本的に人口が増えている限り、経済は右肩上がり。その時々の為替や経済変動はあるが、結局はこの国では早くからたくさんの土地を持っているヤツが一番儲かる」

カンボジア経済の成長のエンジンは人口増だ。2014~2016年の人口の平均増加率は1・6%でアジアの中でもトップレベル。外国人労働者やインバウンド（訪日外国人）に依存せざるを得ない人口増加率マイナスの日本とは雲泥の差といえる。

当然だ。日本では第2次世界大戦が終わった1945年以降、平和が続いている。しかし、カンボジアは違う。1975年、ポル・ポトがロン・ノル政権を倒すと約3年8カ月の狂気の時代に突入、知識人を中心とした虐殺が続いた。当時の人口600万人のうち100万~300万人が亡くなった。

さらに1978年12月にはベトナム軍がカンボジアに侵攻する。そしてヘン・サムリン政権を樹立。今度はポル・ポトとの内戦が始まる。それは1989年にベトナム軍が撤退する頃まで続いた。そのせいで戦える年齢層の男性の数が一気に減り、平均年齢は24・3歳と日本（47・7歳）に比べると大幅に若い。悲劇ではある。しかし、カンボジア経済にとってはこの若さが成長の原動力だ。

誰もが豊かになることを夢見て、希望を持って生活している。若い人がドンドン結婚して、子どもができ、家を欲しがっている。

カンボジアのビジネスは手づくり

ただ、成長市場だからといって闇雲に攻めても勝てるわけではない。ベトナムでは現地の不動産会社アンギアに資本参加、アンギア主導で成長を遂げたが、カンボジアではそれができない。国が若い分、経済の成熟度も低い。ベトナムでは曲がりなりにも自由主義経済のなかで競争を勝ち抜いた地場企業が存在した。その企業にある程度の仕事を任せることも可能だった。

しかし、カンボジアにはそういった現地企業がない。カンボジアには工事を頼もうにもまともに工期、品質、コストを守れそうな業者がいないのだ。販売会社も調子がよく売れる時は売るが、売れなくなるとさっさと逃げてしまう。建設も販売も管理もきちんと責任をもって請け負ってくれる会社はない。結局、全部自分でやるしかない。

このためカンボジアの拠点となる現地法人は大所帯だ。日本人駐在員は2人だけだが、代わりにグループ会社を含め150人近くの現地の社員がいる。この社員たちがデベロッパー、ゼネコン（総合建設会社）、販売会社、管理会社の役割をこなす。「これはいい」と思った現地人を採用し、社員教育を施し、マンションや住宅地の工事も人に任せず自社でこなせるまでに育ててあげる。日本では考えられないデベロッパーとゼネコンの両方の役回りをクリード1社で担うわけだ。自力で中間層のマーケットに攻め込める態勢を敷いたのだった。

技術部隊もいる。人数は20人。トップとなるコンストラクション・ディレクターには日本人の加藤周司が就任、プロジェクトの工程を切り分け、工程ごとに責任者を配置、工事を発注し期日管理を徹底して緻密に工期と品質を管理する。

おかげで計画通りに工事が進む。実はこれはカンボジアでは極めて異例だ。カンボジアでは半年から1年、工期がずれるのは当たり前。発注者もその前提で仕事を頼む。しかし、クリードでは期日は期日。遅れはない。「これは現地企業とは決定的な差となる」とクリード・カンボジア社長の江口崇は言う。

同時に自社での施工は建設コスト抑制にもつながる。とりわけカンボジアでは効果が大きい。カンボジアでは建設資材の大半を国外からの輸入に頼る。セメントならタイ、バスタブなら中国から取り寄せる。このためベトナムに比べ建設費は3～5割高くなるのが常識だが、なかには海外から資材を取り寄せる過程で、不当に自分の取り分を潜り込ませるような操作も珍しくはない。けれども人任せにせず自社で施工すればこの建設資材の価格がすべてガラス張り。不正が紛れ込みにくくなるわけだ。

道路がダメなら公園がある

「転んでも決してタダで起きてはならない」――。宗吉はカンボジアでこんな教訓も学んだ。プノンペンの中心から北西に7キロメートル。12万6000平方メートルの土地を確保しスタートさせた一戸建ての分譲プロジェクト「アラタ・ガーデン・レジデンス」では、とりわけひどい目にあった。

クリードがアラタの開発用地を取得したのは2014年5月。まだ広大なマンゴー畑を牛がのし歩いていた。下見をするにも舗装された道路すらなく、トヨタ自動車のランドクルーザーでなければとても入り込めないような荒地だったが、宗吉はその土地を「これはいずれものになる」と押さえたのだった。宗吉の独特の嗅覚だった。

ところがすんなりとはいかなかった。宗吉が購入を決めた時点で開発予定地の外側を通る予定になっていた計画道路が、いざ土地を買ってみると、開発地の中を横切ることに変更されてしまったというのだ。カンボジアでは実際に計画図面を作成して当局に申請してみないことには、こういった計画道路は分からない。日本ではあり得ない話だが、カンボジアではしばしばこうしたことが起きる。

幅40メートル、長さにして400メートル――。面積にして1万6000平方メートルと、サッカー場2つ分ほどの土地が一瞬にして削り取られる。しかも何の補償もない。全く理不尽なことだが、逆らってみても意味はない。「まずは譲ろう」。当初780戸だった開発計画を見直し、道路用地を避けながら737戸の計画につくりかえたのだった。スケジュールも当初の計画より大きく遅れてしまった。

しかし、宗吉がやられっ放しであるはずがない。いったんは引き、取って返す。道路の敷設予定地を、計画に十分な道路は確保したうえで、残りはほぼそのまま公園にしてしまったのだった。もちろん暫定的な対応だが、「この国では政府の言うことはよく変わる。そもそも計画はあってもいつ実現するかは分からない」。

道路が通らなければそのまま公園として使い続け、仮に本当に道路を通すなら公園をつぶせばいい。常に柔軟に。これがこの国での正しい仕事の仕方なのだった。

曲折はあったが結局は宗吉の開発地選びは的を射ていた。2018年春、開発地から2キロメートルのところに東南アジア最大級のイオンモールが開業されたことに加え、幹線道路から開発地までの道路約800メートルを宗吉が自費で舗装したこともあって、土地の価格はみるみる上がった。2014年5月の取得時に1平方メートルあたり200〜250ドル（約2万2000〜2万7000円）だった土地の評価額は今では3倍だ。

商品設計も当たった。アラタ・プロジェクトでは全部で700戸以上の戸建てを建設しているが、大きく分けて種類は3タイプだ。

公園となった道路敷設予定地（アラタ・プロジェクト）

1つ目は「ショップハウス」と呼ばれる連棟式の建物で、店舗としてもオフィスとしても、そして住宅としても使うことができる。カンボジアではよくあるタイプの建物で価格は16万〜20万ドル程度。周縁部の広い道路に面して建てられる。

2つ目は「ツインビラ」という、2戸の住戸をひとまとめにしたタイプで、日本ではテラスハウスと呼ばれる。価格は22万〜24万ドル。そして最後の3つ目が「リンクビラ」で、連棟式の戸建てタイプ。9万〜14万ドルだ。これらはセキユリティーに配慮し、住宅地の周囲をゲートで囲むが、治安が必ずしもよくないカンボジアではこうしたタイプの住宅地の需要が高い。

想定外だったが「高い順に売れて行った」(江口崇クリード・カンボジア社長)。住宅地の中央に広い公園があることや、プールのほかジム付きクラブハウスを整備したことなどが人気の理由だった。金融機関などに勤める30歳代前半の子どもがいない共働き夫婦(DINKS)や40歳代のファミリーなどが主な受け皿で、大卒の初任給が月200〜250ドルからすると年収の何倍もする驚くほどの値段の家がどんどん売れたことになる。

しかし、これにはカンボジアならではの理由がある。2世代、3世代が1つの家にまとまって住むのだ。だからクリードが提供する家もフロアや部屋ごとにバスルームやベッドルームがしつらえてある。同じ屋根の下でありながらいくつかの家族が各フロアや各部屋で分かれて生活することができるわけだ。

こうなると1軒の家を買う場合でもポケットが1つではなく2つ、場合によっては3つも4つもあることが珍しくはない。クリードの強みはこうした中間層の生活スタイルを知ったうえでの商品設計としている点にある。

2014年、牛が闊歩《かっぽ》していた荒れ野は今や憧れの新興住宅地。2019年1月から順次、竣工し、2020年春には500戸、同年末までには全戸（737戸）が竣工する計画だ。

販売も今のところかなり順調。2019年末の段階で、現在737戸すべてを発売、この8割が売れた。ベトナムと違い売り出しと同時にすべて売れていくわけではないが、毎月30戸程度はコンスタントに売れていく。物件がすべて完成する2021年春までには全戸が売れる見通しで、「プロジェクトの利益率は25％程度」というのが江口の見立てだ。最初は問題だらけで本当に売れるのか、心配だったというが、今となっては品切れに対する苦情にどう対応するかが問題になりつつある。アクシデントはアジアでのビジネスには付きもの。しかし慌てず、郷に入れば郷に従い、そしてしたたかに稼ぐ。これがクリード流だ。

759戸の戸建てが完成前に完売

タンソンニャット国際空港から北に2キロメートル進むと、すっと景色が変わる。目に飛び込んでくるのは大きな池。そのほとりにクリードが手がける巨大開発プロジェクトがある。「ボレイ・マハ・センソック・プロジェクト」――。11万4000平方メートルの土地に759戸の戸建て住宅が並ぶ。大半が隣家と壁を共有する中間層向けの「長屋づくり」だ。

連棟式の住戸がこれだけ集まる風景はまず日本にはない。しかも平均的な建物が1・5階建て。1階部分（60平方メートル）が大きく、2階部分には1階部分より一回り小さいメザニン（中2階、40平方メートル）が載る。購入費用は安くて1戸あたり5万～6万ドル（約550万円～660万円）だ。

日本ではなかなか馴染みがないが、これがカンボジアの中流階級の住戸の一般的な姿だ。2階部分の拡張やその上の階の積み増しは、住宅の購入者が家族構成の変化などに合わせ好きなタイミングで自由に計画できる。

1・5階建てにとどめる分、購入時の費用は安い。住宅購入者が近所の顔見知りの工務店に頼めば「デベロッパーが最初から造ったものを買うよりも増築部分は3割程度、安くすむ」（江口）。

もちろんこだわりの増築となればその限りではない。材料やデザイン面で凝りに凝っ

中間層向け戸建て住宅（ボレイ・マハ・センソック・プロジェクト）

た増築をしてしまうと、いくらデベロッパーを通さないからといっても高くつく。「実はこういうケースは少なくない」（江口）

ただ、重要になるのは建物の強度だ。デベロッパーに頼むにしても自分で増築するにしても、上層階を載せるなら、土台となる1・5階分の建物部分はあらかじめ強度を上げておかなければならない。上積み分の重さを想定、これに耐えられる構造設計にしておくことは必須だ。

ところがカンボジアではここのところの考え方が甘い。地震が少ないせいか「基礎工事が雑なケースも多い。家を買ってまもなく外構のタイルが割れてしまうようなこともある」（江口）という。カンボジアだからといって、許されることではない。

しかしクリードの場合はここで手を抜かない。構造計算を正確に行い、基礎工事を徹底、役所からは2・5階建ての建築物として許認可をとる。これで引き渡した後も購入者は1階分、上積みすることが可能だ。

建物を引き渡した後もそれで終わりにはしない。管理をする会社向けにガイドラインを設定、住宅購入者が定められた以上に後から上積みする違法建築を許さないよう教育する。

こうして造った住戸は1戸あたり5万～6万ドル（約550万～660万円）。2015年3月に取得した土地に2018年までに開発を計画していた合計759戸が完成したが、このすべてが完成までに売れてしまった。

「これが経済成長率7％の実力か……」と宗吉。中間層を狙う戦略がピタリ的中した格好だ。予想を上回る好調ぶりに「こんなことならもっと周辺の土地を買っておけばよかった」。このプロジェクトも結局、途中から売るものがなくなってしまい、周囲の地価ばかりが上がっていったのである。

住宅ローンも肩代わり融資

江口によれば購入を牽引《けんいん》したのが「パワーカップル」だ。子どもがいない共働き夫婦（DINKS）か、子どもが1人いる若い共働きのカップルたち。構図は日本と類似する。ただ、マハ・プロジェクトの場合も他のカンボジアのプロジェクト同様、パワーカップルが両親や兄弟、親戚などと一緒に住むケースも多い。世帯年収は月1000〜1500ドル（約11万〜16万5000円）の中間層がボリュームゾーンだが、何世帯で住宅の資金を負担しているかは住戸によって事情が異なる。

このためカンボジアでは、誰が住宅を買う力があるのか判断しにくいのが悩みのタネだ。現金を持っていてポンと買ってくれる人はいい。しかしこれは全体の4割程度。残りの人は銀行借り入れで賄《まかな》うがこれは2割程度だ。

残りの4割は……実はこの層にはクリードが割賦で販売。「銀行がお金を貸してくれないなら」と、クリード自身がリスクを負担し実質的に顧客にローンを提供することで、住戸を販売する。クリードは購入者の信用調査を行わないため、金利は10％強と高めに設定しているが、1～2年延滞なしに支払いが実行されれば、その信用で銀行での借り換えを勧め、これで資金を回収することにしている。現在のところ未回収のお金はほとんどない。

「東南アジアでの住宅分譲ビジネスは、買い手の資金調達までセットで考えないと成り立たない」と宗吉。強烈だったのは現地の銀行とのやり取りだ。以前、宗吉は現地の銀行と提携住宅ローンの設定を交渉したことがある。その時、銀行の担当者は真顔で宗吉にこう言ったのだった。「我々の銀行は貧乏人には金を貸さない。金持ちに金を貸して高い金利をもらうのが我々のビジネスだ」

こんな調子だから、カンボジアの銀行は日本以上に形式主義だ。計算上、住宅ローンを返済できるだけの十分な収入があっても、小さな商店の店主が書面で収入を証明できなかったりすると、ローンをつけてもらえない。そういった層に対してクリードが「この人は大丈夫だ」「誠意があるから返してくれる」と判断した場合は、銀行の代わりにリスクを取って住宅ローンを組む。頭金は30％。いわゆる現地の銀行のローンが下りるまでの「つなぎ」融資だ。昔、日本のデベロッパーがやっていた住宅の割賦販売だ。

自らが造って売る建物だからその不動産価値はよく分かっているし、仮にローンの返済が滞ってもいつでも別の顧客に販売することは可能だ。実質的なノンリコースローンといえる。

1人当たりのGDPが日本の20分の1のカンボジアでプロジェクトをするなら、そこまでリスクを覚悟しなければ何も始まらない。もちろん、それがビジネスとして正解なのか、宗吉はよく分からない。それでも宗吉は自らが開発したボレイ・マハ・センソックの現場を訪れた時、「金儲けという点では、決して効率的で安全ではなかったかもしれないが、このプロジェクトをやって良かった」と思った。ボレイ・マハ・センソックの広場で学校から帰った子どもたちが歓声を上げながら遊んでいたり、池のほとりに造ったあずまやで、家を買ってくれたお客さんが上半身裸で、気持ちよさそうに夕涼みをしていたり……。決して余裕はないけれど、それなりに満足できる家に住み、日々の生活を送っている人たちの様子を見ていると、自分がやった仕事の意味を感じるのだ。そんな時に宗吉は、新興国で中間層向けに受け入れられる不動産を開発し、そのうえで利益を得ているということに誇りを感じるのだった。

現地の「珍客」を味方に

クリードが759戸もの「ボレイ・マハ・センソック・プロジェクト」で成功できたのは、マーケティングの勝利といえるかもしれない。中間層を狙い、そこに照準を定めた商品設計が奏功したのだ。そして、もう一つ見逃せないのは販売力だ。マハのプロジェクトではこんな「珍客」をうまく取り込み、販売を後押しさせた。

その珍客とはある地元のファイナンシャルコンサルタント。セミナーで顧客を集めては上手なファイナンシャルプランの組み立て方をアドバイスしたり、「これはいい」と見定めた投資機会を紹介したりするビジネスを本業としていた。このコンサルタントがマハ・プロジェクトを取り上げ「このプロジェクトに投資すれば儲かる」と紹介してくれたのだ。

確かにマハは優良な投資案件だった。クリードが土地を取得した2015年3月期時点で開発地11万4000平方メートルの価格は約10億円。それが今では20億円と取得時の2倍にまで跳ね上がった。経済成長7%の国では時間が味方する典型的な見本。売れ行きも好調で、当初1戸5万ドル（約550万円）だった販売価格は、最終的に6万ドル（約660万円）にまで上方修正することができた。

それだけではない。もう一つ、このコンサルタントはある手法でクリードの販売を支えてくれた。人に勧めるだけでなく、自ら戸建て100戸を仕入れてくれたのだ。日本ではあり得ないシステムだが、カンボジアではしばしばこうしたことがある。コンサルタントが1戸あたり500ドル（約5万5000円）の預託金を支払って、物件100戸を自ら仕入れ、それを第三者に転売してくれたのだった。つまりクリードに代わり、このコンサルタントが自分のルートで物件を売ってくれたわけだ。「これはありがたかった」と宗吉も言う。

いったいどういうことなのか。説明しよう。実はこのコンサルタント、単なる親切心でやってくれたのではない。コンサルタント自らに「うまみ」があるのだ。

つまり物件を1戸売る度に、販売価格の5％の手数料がこのコンサルタントに入る。販売価格が1戸5万ドルなら2500ドル（約27万5000円）。100戸売り切ると2750万円が入る。このお金をコンサルタントは稼ごうとしたのだ。

もちろん100戸仕入れておいて「しばらく頑張ってみましたが売れませんでした」

ではすまされない。ペナルティーがある。3カ月で売れなければ、最初に物件を仕入れた段階で支払った預託金が没収されてしまう。「売れる」物件にしか手を出せないようになっている。マハ・プロジェクトではコンサルタントは1戸あたり500ドル（約5万5000円）の預託金を100戸分支払ったので、最初に550万円支払った。だから仮に、このコンサルタントが3カ月かけて物件100戸を売ろうとして売れなかったら、550万円は全部、没収されてしまうルールなのだ。極めてハイリスク。結果はどうだったのか。

100戸のうち80戸売れた。差し引き「大儲け」だった。80戸売れたのだから、コンサルタントの懐に入った80戸分の販売手数料は20万ドル（約2200万円）。100戸のうち20戸は売れ残ったため最初に支払った20戸分の預託金の1万ドル（約110万円）は没収されてしまう。80戸売って販売手数料20万ドル（約2200万円）が懐に入るため、没収された1万ドル（約110万円）を差し引いても2000万円あまりをこのコンサルタントは手にすることができた計算だ。

コンセプトはいい。商品も手抜きはない。しかしそれだけでは売れない。大切なのは売る仕掛け。クリードはそれをカンボジアでやってみせたのだった。

クリード・カンボジアを担う江口という男

カンボジアには1年に3回、正月がやってくる。1回目は1月のインターナショナル・ニューイヤー。次は2月の中国暦の旧正月、そして最後は4月の「クメール正月」だ。クリード・カンボジア社長の江口崇は10年前の日本の正月を思い出しながら、とりまく環境の変わりように「自分でも驚いてしまった」。

1998年3月、東大の経済学部を卒業した江口。「何か日本経済の役に立つ仕事をしてみたい」と中小企業金融公庫（現・日本政策金融公庫）に入った。日本の製造業やサービス業を底から支える中小企業向けの融資業務に携わり、それなりに本流を歩んだ。2001年7月。中小企業庁へ出向となる。抜てきだった。そこで任されたのが中小企業白書の執筆。「面白かったし、やりがいもあった」

出向から2年が経ち、2003年7月に公庫に戻る。そのまま過ごせば、金融マンとして順調に昇進していくはずだった。しかし、江口はそれで満足しなかった。「融資業務を通じて中小企業と交わるのではもの足りない」。2004年、公庫を飛び出し自らベンチャー企業に身を投じる決断を下した。

そして出会ったのがクリードの宗吉敏彦だった。「公庫の仕事などを通して、少なくとも数百人の社長に会った」江口。しかし気押されたのは宗吉1人だけだった。当時、江口は28歳。宗吉は江口より10歳年上だったが、そのせいだけではなかった。「全身から自信があふれていた」

当時、宗吉はクリードを創業して8年。東証2部に上場したばかりの頃で、会社は上り坂にあった。上場に合わせて移転した霞が関ビル（東京・千代田）内の本社で、宗吉は不動産投資ファンドの現状と将来を短い言葉でさらっと、しかし的確に説明した。「面白い男だ」。クリード入りを即決する。

見立ては正しかった。クリードは宗吉の説明通り急成長を遂げる。

ところが2008年のリーマン・ショックで風向きが変わる。銀行が不動産向け融資を一気に絞り込み始めたのだ。マネーの供給は止まり、保有物件を売却し現金化を急いだが追いつかず、資金繰りが破綻した。

法的整理の方針は11月末に固まり、すべての準備は年末に終わった。後は宗吉が最終的に決断するだけ。整理にかかる費用を考えればタイムリミットは正月明けだった。「後は待つだけ」。江口は静かな正月を過ごしていた。

２００９年1月9日、クリードは東京地裁に更生手続き開始を申し立てた。「倒産？　それはそれで刺激的かもしれない」。当時、経営企画担当マネージャーのポジションにあった江口は、明日からも会社に出ようと決めていた。社長の宗吉を手助けしようかと考えていた。宗吉はクリード再生の道を模索していたが、それを手伝ってみようかと思ったのだ。

２００８年11月。江口が宗吉とともに弁護士事務所を訪ね、法的整理の準備に入った際、そこで聞かされたのが「ＤＩＰ型の会社更生手続き」だった。前例がなかったので江口も宗吉も全部は理解できなかったが、法的整理の申し立てを裁判所が受理して再建計画を固めるまでの期間が従来の半分の半年強と会社の再建がスピーディーに進む手法であることが分かった。

さらに意外だったのがＤＩＰ型なら宗吉がそのまま管財人として会社に残り、債権者への責任を果たせる可能性があるという。ちょうど東京地裁の判事が経営者の残留を事実上、容認する論文を発表したのだ。

もちろん条件があり、①経営陣に違法な経営責任がない、②主要債権者が反対していない――などを満たしていることが必要だったが、米連邦破産法11条（チャプターイレブン）にほぼ近い形で債務を整理、起業家の再チャレンジが可能になった。

会社更生手続きは債権カットなどで強制力が強い半面、経営者は通常居残れない。しかしDIP型の会社更生手続きならそうとも限らない。「もし法的整理を選ぶしかないのならこのDIP型だ。後始末は自分でやりたい」。宗吉は江口にそう告げた。

そしてクリードが法的整理の道を選ぶと、江口はそのまま会社に残った。宗吉とともに債権者への弁済を少しでも早く完了させようと奔走した。

2年後の2011年1月12日、更生手続きは終結した。当初、92％だった債務の免除率は91・4％。当初の想定よりも少し多く返すことができた。

3

ラオス——英国投資家も注目するポテンシャル

「ラオスに何があるというのだ？」

「なんだ、それ。まるで村上春樹じゃないか」——。宗吉の最初の反応はこうだった。

2017年のこと。「面白い投資先がある。話だけでも聞いてみないか」と言われ宗吉が「いったいどこの国の話？」と尋ねるとラオスだという。ラオスの首都、ビエンチャンで高級サービスアパートメントの開発をやるから、「投資してみないか」というのだ。ラオスと聞いて宗吉はたちまち興ざめ。「ラオス？　いったい何があるというのだ」。村上春樹の本の名前が思わず脳裏をよぎった。

投資話を持ってきたのはアナンディ・グループのスー・マという女性だった。1962年生まれ。外見は「下町の気のいいおばちゃん」といった風情の中年女性だが、実はシンガポールでレストラン、タイのプーケットでホテル事業をファミリーで広範に手がける、なかなかのやり手実業家だった。宗吉と同じように2011年からシンガポールに居を構えており、アジアで不動産業を手広く展開する宗吉に目を付けたシンガポール在住のインベストメントバンカーが2人を引き合わせたのだった。

スー・マは外見とは裏腹に、もともとラオスの裕福な華僑の家に生まれた。苦労のない幼少期を過ごしたお嬢さんだったのだが、1970年代半ばの政変で家族を取り巻く環境は一変する。ラオスが王国から人民民主共和国に移行する過程で経済は大混乱、スー・マの父親も事業で大損害を被った。最後は追い詰められ、身に迫る危険を感じ、すべての資産を残して一家でオーストラリアに移住したのだった。

それから40年あまり。オーストラリアで教育を受け、スー・マは父親と同じように実業家となった。そして自分の故郷であるラオスに戻り、首都ビエンチャンで高級サービスアパートメントの開発事業に乗り出すというのだった。米国大使館などが近くにある閑静な住宅街に総戸数80戸を建設、2020年に完成させる計画だ。「ラオスには国連などの国際機関に勤める人や外交官などが住めるクオリティーの高い住宅はほとんどない。それなりの賃料で必ず借りる人はいるわけだから、その賃貸需要をベースに投資物件に仕立てることが可能だ」

もともとラオスに住んでいたスー・マのことだ。シンガポールでも数々のビジネスを成功させてきた実績もあり「販売可能」という見立てに狂いはないだろう。それでも最初、宗吉がスー・マの誘いに乗らなかった最大の理由は市場規模だ。とにかく宗吉にとってビエンチャンは小さすぎた。例えばクリードが進出しているカンボジアの首都プノンペン（200万人）と比べると、ビエンチャンの人口はその半分（80万〜100万人）。事務所を構えて人を配置しても、そのコストに見合うだけの収益が見込めるかどうか、不透明だった。「それなりに儲かるかもしれない。けれど国が小さすぎてやる意味がない」

ただ、よく考えれば経済のポテンシャルは違った。国内総生産（GDP）こそ170億ドルで220億ドルのカンボジアの8割にも満たないが、1人当たりのGDPでみれば、2542ドルとカンボジアのほぼ2倍だ。経済的な力はかなりある。

しかも決定的だったのが「ラオスは1人当たりの所得は高いにもかかわらず、街の発展レベルも人々の意識、生活水準も10年前のカンボジア」というクリードのバイスプレジデント、約仕知宏の見立てだ。約仕の仮説が合っているなら、これからの10年の間にこれまでカンボジアで起こったことが今度はラオスで起こる。だとすると……。住宅ブームだった。今、住宅ブームの真っただ中にあるプノンペンも、10年前はデベロッパーによる一定規模以上の住宅開発プロジェクトは数えるほどしかなかった。

宗吉はスー・マとのプロジェクトに25%を出資することを決めた。現在、工事中で竣工後に販売を開始する。価格は1戸あたり10万ドル（日本円で1000万円強）。約仕の見立てだと「ラオスの平均世帯年収の20倍」だが、すでに30%程度に販売のメドが付いているという。スー・マが言う「やれば売れる」は本当だった。宗吉はそれ以降、ラオスに少しずつ入り込んでいくことになる。

この国では何かが起きる――

実際、「ラオスは意外に狙い目かもしれない」との認識は、世界の投資家や事業家の間で、少しずつ広がりつつある。

「世界一、何もない首都」と呼ばれるほどのビエンチャンだったが、その中心部に位置するエリアに、ラオスにはやや似つかわしくない高級ホテル「クラウン・プラザ」がある。宗吉はここを定宿にしており、2017年のオープン以来、ラオスで仕事をする際に使っているが、最近、ホテルの客層などを見ていると「確かにこの国は成長軌道に乗りつつあるんじゃないか」と思わせる空気が漂い始めている。

とりわけ「これはシグナルじゃないか」と思ったのが2018年の秋だった。ロビーで英国のベアトリス王女の姿を見かけたのだった。英国の王女がわざわざやってくるということは、英国の投資家がラオスに注目し始めているということの証左だった。

英国は大英帝国時代が終焉《しゅうえん》して以降、蓄積した富を世界の成長国に投資することで大きく増やしてきた。投資妙味のある国や地域を誰よりも早く見つけ出し、「ここだ」となれば、まず王室を動かし国と国とで友好関係を深める。地ならしが済んだところで一気に投資に動き出すのだ。「英国がこれから入ってくるなら、ラオスは今後、発展していくかもしれない」

なかなか日本にはなじみのないラオスだが、実は「さほどビジネスが難しい国ではな

ホテル「クラウン・プラザ」にベアトリス王女の姿が――

い」と約仕。その理由の第一が言語だ。ラオスはタイに隣接、英語があまり通じない。しかし、代わりにタイ語が通じる。ラオスの子どもはタイ語のテレビを見て育つので、ラオス人はだいたいタイ語は理解できる。つまり「タイの経済はラオスの20年から25年先を行っている」(宗吉)が、その経済先進国であるタイからスタッフを派遣すればいい。ラオス人はタイ語を理解できるので、タイ人に組織を運営させることが可能なのだ。

ラオスの国内総生産(GDP)は小さくて、「街の開発レベルはカンボジアの約10年遅れ」（宗吉）であるが、1人当たりのGDPを物差しにすると国民1人はカンボジアの2倍程度の豊かさ。ラオスの首都、ビエンチャンは実際にタイよりも物価が高い。車で30分も走りメコン川の橋を渡ってタイに入れば物価は安い。週末ともなれば多くのビエンチャン市民はタイに買い物に出かける。そんなラオスに今後、世界の投資家の注目が集まるとなれば、今からのこの国で何かが起きる可能性は高い。

だから宗吉は考えた。「ラオスがカンボジアの10年前の状態なら、10年前にカンボジアで起きたことが今度はラオスで起きる」。それが住宅ブームだ。そしてそのブームの果実をいち早く手にするファーストランナーにクリードがなれるかもしれないと宗吉は考えた。「タイムマシンで時間を遡る感覚でラオスを見てみよう」。プノンペンには100以上の住宅開発プロジェクトがあるのに、ビエンチャンには数件しかない。「プノンペンでの経験がラオスできっと生きるはず」

日本での成功体験はここでも生きるのか

そうなればやるべきことは市場調査だった。宗吉が基本とするマーケット、中間層が欲しいと思う住宅像を確定することが先決だった。どうやって具体的にラオスのマーケットを開拓していくのか。イメージをつくるのは宗吉の仕事だった。日本であれば調査会社に依頼すれば簡単だが、ラオスには調査会社がない。宗吉はラオスでのパートナーであるスー・マのルートで20社程度の大手企業を訪問し、住宅購入を検討できる中間層の中でやや余裕のある層にヒアリングをかけていった。

ヒアリングは1回30分から60分程度。一戸建ての庭にはプールは必要なのか、エントランス（玄関）はどんな仕様がいいか、買える価格の上限は今の年収の何倍か――。そしてクリードが次に手がける具体的なプロジェクトの形が少しずつできあがっていった。顧客になってくれそうな、ある程度の収入がある若い家族層に絞り込んでスモール・ミーティングを数回やったところ「こんな家があったらぜひ買いたい」と反応も上々だった。

そして宗吉が仕上げたのは、中間層向けの大ぶりな開発プロジェクトだった。ラオスでも「大衆向けの良質な住宅」という基本路線は維持、１００戸以上の連棟式ショップハウスマンションと戸建てを組み合わせた街づくりを進める計画。

場所はビエンチャンの中心地から車で5分ほどの場所。ここ数年、少しずつ大企業の進出が始まっているエリアで1・6ヘクタールの土地を押さえ開発に着手した。プロジェクト名は「アラタ・ガーデン・レジデンス・サイセッタ」だ。

事実上、初めてのプロジェクトだけに順調とばかりはいかない。実はクリードが開発する予定の土地には幹線道路までの道路がなかった。1・6ヘクタールと土地の広さは十分だったが、幹線道路までつながっていない「陸の孤島」だったのだ。もちろん道路をつければ問題は解消するが、そのためには別の第三者の土地を横切る必要がある。その道路ができなければアクセスは大きく悪化し、開発は事実上、頓挫する。

「大丈夫。自分が話をつけて必ず道路をひく。まずひとまとめにして買ってくれ」。当初、土地の所有者はこう言った。「オッケー。分かった。信用する」というほど宗吉もバカではない。ビジネスの世界では「万が一の事態」が一定の確率で発生することを知り抜いていた。「ダメだ。まず土地の代金の2割。これをクリードが手付金として支払う。道路がひけた段階で残り8割も支払おう」。宗吉はこの条件で押し戻した。

これが宗吉を救った。2019年の夏場から住宅マンションの販売を開始、狙い通り順調に売れたが、十数戸が契約した段階で雲行きが怪しくなった。開発地の地主が道路の建設予定地の地主とケンカをしてしまったのだった。道路の敷設計画は宙に浮いた。今後はクリードが前面に立ち、交渉を進めるという。

「やはりあの時、リスクをヘッジしておいてよかった」――。宗吉は言う。一般に「ラオス人は温厚で誠実」といわれるが、やはり金が絡むビジネスとなると、何が起こるか分からない。セーフティーネットが宗吉を救った。

とはいえ、前進する以上、こうしたトラブルはつきものだ。「くじけている暇はない」と宗吉は言う。次に狙いを定めているのは国家的プロジェクトに絡む案件だ。ラオスを代表する建設会社が国から土地を借り受け開発を進めるプロジェクトの隣接地で、600～700戸の住宅開発を進める計画だ。

開発面積は全体で広さ100ヘクタール超。市場を建設するほか大規模な調整池を整備し、ボートレースなども開催する予定だ。「開発が順調に進めば経済特区に指定される可能性が高い」と土地を所有する建設会社の会長は言う。

国策や経済の流れを見定めながら熱を帯びるスポットを模索、ここだと思ったら素早く動く。日本での成功体験が生きるのか。宗吉の挑戦がラオスでも始まっている。

4

タイ——時代の変わり目に大きなチャンスが

鉄道がマンションの購入層を変える

タイの首都バンコク。ビジネスの中心街から西に6駅12分離れたところにクリードが現地のパートナーとともに手がけるマンションプロジェクト「ユニコーン」の建設予定地がある。広さ4800平方メートルの敷地はタラートプルー駅のすぐ目の前、日本で言う「駅直」だ。クリードは自社で1億3000万円の工事費をかけ駅からの直接の誘導橋を自前で整備する。いわば駅直マンションの輸出といえる。

ユニコーンの坪単価は100万円強。バンコク市内中心地が同200万円だからその

マンションプロジェクト「ユニコーン」のモデルルームで

半値だ。東や北に同じ距離だけ離れたとしても落ち幅はせいぜい25%程度が相場なのに、西にずれると落ち方が極端に大きくなるのがバンコクの特徴だ。

理由はチャオプラヤー川だ。東や北側は地続きだが、西側に大きくずれる場合はチャオプラヤー川をまたがざるを得ない。仮に川を渡ってしまうと土地のブランド価値である「地位《じぐらい》」が一気に下がってしまうのだ。

確かに足を運んでみると、バンコクの中心街に比べれば街区もかなり細かい。昔は王宮があったというが、道路の舗装状態は悪く、整然としたバンコク市内に比べると猥雑《わいざつ》感は拭えない。地元の不動産会社も大手が今まであまり手を伸ばさないできたのも納得できる。

ただ、鉄道で中心街まで12分。しかも駅までは「濡れずに」とはいかないまでも誘導路のおかげで直結している。地位の低さを補って余りある利便性といえる。宗吉は「買い」と見た。

それは最近の日本の事情を考えれば分かる。ここ5年、新築マンション価格の上昇率は江東区や台東区など東側のエリアの上昇率が圧倒的に高い。駅近でしかも東京駅周辺や大手町などビジネスエリアに直結、通勤時間は20〜30分以内の物件が多く、そうした物件が上昇を牽引している。

バンコクはこの10年、市民の足として鉄道「BTS（スカイトレイン）」の整備が急速に進んだ。かつては不動産を買う層は高所得者のみで交通手段は車であった。駅からの距離は関係なく、都心部からの距離もマンション立地にはあまり重要ではなかった。「地位」が何より大切だった。それをBTSが変える。地位ではなく駅からマンションまでの距離、徒歩時間が最も大切な要素となるはず。まず優先すべきは交通の利便性なのだ——。

判断が間違っていなかったことは、2019年夏からの販売実績を見れば明らかだ。タイのマンション市況は2019年に入って大きく低迷したにもかかわらず、ユニコーン・プロジェクトは7月から地元の販売会社を通じて総戸数711戸を売り出したところ、8月末までに全体の3割近くの200戸が売れた。

販売価格は1戸あたり250万～700万バーツ（約700万円～2000万円）。周辺相場より2割高い値付けで、中間サラリーマンの世帯年収150万円程度から考えても決して安くはない。それでも「20歳代の単身者や30歳代のDINKS（共働き子どもなし）世代などを中心に契約が取れた」（宗吉）。

もちろん宗吉はこの結果に満足しているわけではない。今、市場環境は決して良くはない。成熟市場となった1980年代以降の日本の市場に似てきている。造れば売れる時代はすでに終わり、デザイン性やマーケティング手法がモノをいう時代が来ている。しかし、時代の変わり目には大きなチャンスも必ずある。いずれは1000戸超の物件を次々と市場に投入していきたいと考えている。そのためにも今、市場に参画していることが重要なのだ。

今、マンション市況が厳しいのは、住宅バブルを警戒した政府がセカンドハウス購入者への住宅ローンに対し税制面の優遇措置を厳しくしたこともある。「あと数年もすれば反動は収まってくる」と宗吉は言う。「そうなってきてから本腰を入れたのでは遅い」宗吉にとってユニコーン・プロジェクトはほんの前哨戦。「これからまだまだ攻める」

あえて現地の小デベロッパーと組む

もちろんタイでもパートナーがいる。地場の不動産会社、アルティテュードだ。名前は知られていない小さな会社。ユニコーン・プロジェクトもアルティテュードとの共同プロジェクトだ。このアルティテュードの最高経営責任者（CEO）であるエドを宗吉は一目で気に入った。面白い男だ。

「僕が代表をやっている会社なんだから、ムネヨシがアルティテュードを提携先に選んでくれるのは当然だろう」――。照れ笑い一つせず、エドはそう言ってのける。

宗吉が社員50人程度のこの小さな会社を業務提携先に選んだのは2019年のことだ。エドはバンコクの大学で土木工学を学び、いったんは建設会社に就職した。しかし、

アルティテュードのCEO、エド（Chayaphon Hunrungroj）

組織の一員として働くだけでは飽き足らず会社を辞めて米国に留学し、徹底的に学び直して帰国し不動産販売会社を立ち上げた。２００８年のリーマン・ショックのあおりで経営が傾いたが再起、２０１４年に新たに不動産開発会社を立ち上げ２０１９年9月に「年間の取扱高は50億円に達するまでになった」（エド）。

日本の他の大手デベロッパーなら相手にもしない規模の中小デベロッパーだ。しかし、宗吉はエドの鼻っ柱の強さとともにアルティテュードが手がけたマンションを見て「この会社はいい」と思った。とにかく、この会社の物件には手抜きがない。「ディテール（細部）へのこだわりがすごい」。不動産オタクで年がら年中、不動産を見て回る。それが理由だった。

例えばアルティテュードが2016年、バンコクの中心街で手がけた中規模の物件（総戸数97戸）。敷地がやや狭く、バンコクでは標準となりつつあるプールのスペースを取るのがどうしても難しかった。「何とかプールができないか」。エドは悩んだという。

結局、どうしたか。マンションの床下の敷地を一部、掘り込んで水を引き、プールに仕立ててしまったのだ。建物の一部が水面からせり出した格好となった。狭い敷地で無理無理、苦肉の策でプールを造りそうなったのだが、かえってバンコクでも珍しいモダンな概観のマンションに仕上がった。ここに宗吉は「エドの執念をみた」。

アジアで実績を積んできたクリード。地元の大手不動産会社と提携しようと思えば相手はいくらでもいた。ただ「お金だけ出して口は出さないで欲しい」という会社が多かった。その点、アルティテュードはクリードのノウハウを求めていたし、意思決定スピードも速く地場の情報収集能力も高かった。

宗吉の選択は今のところ的確だったといえる。その証拠に2019年の夏、バンコク市内で販売を始めたクリードのタイでの第1号マンションプロジェクト「ユニコーン」の滑り出しは順調だ。決定的だったのは立地の良さだが、実はこの用地はエドが引っ張ってきたものだった。

立地の選択に加えエドが巧みだったのは、購入代金の支払い期限を引き延ばす約束を地主から引き出してきたことだ。通常、タイの場合、用地の売買で合意するとその時点で土地代金の10%を支払い、残り90%を6カ月後に支払う。

しかしエドは10%の手付金を支払えば、残り90%の支払いは6カ月後ではなく1年後でいいという条件を引き出してきた。支払い期限が半年延びたことで周辺の土地を買い増す時間が確保できた。

結果的に隣接する4筆の土地を購入、大きくまとめることで容積率をアップさせ、プロジェクトの収益率を底上げすることに成功した。プロジェクトの税前利益は、このまま推移すれば15%は見込めるという。

投資家、村上世彰に言わせれば、不動産業の要諦は評価が上がる土地を見抜く目利き。その目利きで「宗吉はほぼ自分と同じ力量がある」。そして人を見る目もまた確かなのかもしれない。

5

インドネシア――計り知れない市場の潜在力

人口増で長期的には上昇に向かう

赤道直下の国インドネシアの面積は日本の5倍。1万4000以上の島嶼国《とうしょこく》だ。国内インフラの整備はまだ不十分な地域も残るが、GDP（国内総生産）は急成長を続け、2018年時点で1兆422億ドルと日本の5分の1をやや下回るラインにつける。平均年齢28・8歳。毎年人口が300万人ずつ増える「マンパワー」はアジアの他の国々と比べても圧倒的だ。人口でも経済規模でも東南アジア諸国連合（ASEAN）のなかで突出した規模を持つ東南アジアの大国だ。

これだけエネルギーがあふれる国を宗吉が放っておくはずはない。2017年、宗吉はインドネシアに進出、「ベトナムやカンボジアなど他の東南アジアよりも市場の潜在力は大きい」と見て、さまざまな箇所に楔《くさび》を打ち込んでいる。

インドネシアは1997年7月のアジア通貨危機後、IMFとの合意に基づき、銀行部門と企業部門を中心に経済構造改革を断行した。以来、政治は比較的安定、個人消費も堅調な拡大が続く。2005年以降の経済成長率は、世界金融・経済危機の影響を受けた2009年を除き、5%後半~6%台という比較的、高い成長率を達成してきた。2010年には1人当たり名目GDPが3000ドルを突破し、2019年には4000ドル台に乗ったもようだ。

しかし、インドネシア経済は決して良くはない。主要輸出品である資源価格が低迷、2018年後半にはインドネシアルピアの為替水準は1997年のアジア通貨危機近くの水準にまで落ち込んだ。さらに2019年に大統領選挙があった影響も残り、いまだ投資家の心理も冷え込んだままだ。アジアの国々では政権が代わると経済政策や制度が大きく変わるのが常で、インドネシアの場合もジョコ大統領の再選は「ほぼ固い」というのが下馬評だったが、それでも万が一に備え投資家たちは動きを止めてしまっている。

ただ、その流れもいずれ変わる。そもそも新興国の不動産市況に変動はつきもの。「人口が増えている以上、山と谷のサイクルはあるものの長期的には上昇に向かう」というのが宗吉の持論で、それはインドネシアにも当てはまった。インドネシアの場合も人口は着実に増え、平均年齢も若い。今の不動産市況のサイクルはたまたま谷に差しかかってはいるが、「今後数年でこの国の市場もまた他の東南アジアの国々と同じように必ず盛り上がっていくはず」と宗吉は言う。

その根拠は公共交通網の整備だ。インドネシアでは空港や高速道路、鉄道、港湾などインフラの整備は急ピッチで進むが、とりわけ公共交通網の整備は緊急の課題とされる。この公共交通網の整備こそ不動産市況を底上げするエネルギーになると宗吉は見る。ジャボデタベック（Jabodetabek、ジャカルタ、ブカシ、ボゴール、デポック、タンゲランの5都市）と呼ばれるジャカルタ都市圏とその周辺のエリアでの公共交通網の整備がそれで、地下鉄や都市鉄道であるMRT（大量高速輸送鉄道）やモノレールなどの軽量鉄道であるLRTの整備に大量の財政資金が投下され、工事が急ピッチで進む。「これが途絶えない限り長期的にみればインドネシアの不動産市況は崩れない」

確かにジャボデタベックは人口3000万人超とアジアでは東京に次ぐ世界最大級の

都市圏。ここで公共交通網が整備されれば、都市の構造がどんどん変わり、マンション立地が周辺部や近郊都市に広がっていく。なかでもジャボデタベックの中核であるジャカルタでは、移動手段は富裕層が車、中間層はバイクや乗合バスで「世界最悪の渋滞都市」といわれたが、これに鉄道が取って代われば渋滞は大幅に緩和され、中心部のみだったマンション立地は、鉄道の延伸とともに周辺部にも広がるのは当然の帰結だ。「これはバンコクがそうだった。10～15年程度の都市の発展段階の時差を伴ってジャカルタも必ずそうなる」と宗吉は言う。

その兆しはある。ジャカルタの中心地から南西に約24キロ離れたセルポン。中心地のオフィスまで車なら朝のラッシュ時は2時間、日によっては2時間半かかる。そのセルポンが今、大きく変わろうとしている。その起爆剤の1つがインドネシアの大手財閥シナルマスが手がける大型都市開発エリア「BSDシティ」、そしてもう1つが宗吉がこのBSDシティのちょうど反対側で手がけるマンション開発プロジェクトだ。

〝裏〟を攻める奇策が奏功

プロジェクトの起点はＫＡＩ（国有鉄道）チサウク駅。チサウク駅の列車の乗り入れを眺めていると現地で製造した車両と、時折、日本の地下鉄千代田線を走っていた緑色の車両が入り交じるが、その電車に乗ると40分程度でジャカルタの中心地まで通える。もともと古くからある鉄道で、車両はどれもおんぼろでスピードも遅い。「低所得者の乗り物」のイメージが強く中間層以上は「乗ったこともない」という人が多かったが、1990年代に行われた電化とそれに伴うスピードアップがジャカルタ中心部への「通勤の足」として見直されるきっかけとなった。宗吉はこの利便性に目を付けた。

チサウク駅の北側でインドネシアの大手財閥、シナルマスが進めるプロジェクトは約6000ヘクタールの土地の開発。1989年から住宅のほかオフィスや商業施設などの複合開発を進めている。しかし、さすが大手財閥の仕事だ。手がける住宅は富裕層向けが大半だった。この層はＫＡＩはまず使わない。高級車であまり時間を気にせず出社できる富裕層たちだ。この層向けに高級住宅を建設、分譲していた。環境は抜群だった。

だからチサウク駅の目の前にありながら、その電車で通勤するような一般の人たちはシナルマスのビジネスの対象からはこぼれ落ちていた。宗吉はこれを見逃さなかった。「セルポンは変わる」。2018年、地元の中堅デベロッパー、カリヤ・チプタグループ、土地所有者と組み、セルポンでジョイントベンチャーを仕掛けたのだ。うまかったのはチサウク駅の南側を攻めたことだ。安全策をとなるなら、シナルマスが開発を進める北側のエリアで、中間層向けの住宅開発を進める方がリスクの低い選択肢だったかもしれない。実際、イオンモールや大手デベロッパーの東急不動産も、セルポンが巨大なベッドタウンになると見て北側に進出していた。しかし、宗吉はそうはしなかった。

宗吉は北側の開発には一切、加わろうとはしなかった。なぜなら北側の場合、駅に近い一等地はほとんどシナルマスが押さえているためだ。もし宗吉がやるとしても駅から離れた場所での開発しか残されていなかった。「それではダメだ」。宗吉は北側を捨て南側に回った。

駅の裏側から攻める――。確かに駅前の徒歩1分の土地がすっぽり空いていた。駅前どころか一帯はほとんどガラガラ。何もなかった。生活するにも具体的なイメージはまるでわかないほどだった。奇策中の奇策といえたが、宗吉はあくまで南を主張した。「裏

セルポン・ガーデン・アパートメント・プロジェクトの建設現場

だろうが表だろうが大切なのは駅までの距離」

考えてみれば日本がそうだった。かつてはもてはやされた田園調布なども駅までの送り迎えが必要なエリアは最近では閑古鳥が鳴いている。代わりに江東区や江戸川区などこれまで「エリアのブランド力である地位《じぐらい》が低い」とされてきた土地でも、最寄りの駅に直結する物件なら売り出しと同時に売れてしまう。パワーカップルと呼ばれる共働き世帯の台頭で、とにかく利便性が重視されるようになっていた。

「インドネシアもいずれそうなる」。宗吉はそう読み「駅裏の一等地」を押さえた。そんな「セルポン・ガーデン・アパートメント・プロジェクト」。マンションから駅直結のルートをつくり、雨の日でも濡れずに駅まで歩いていけるようにし、「駅直結」の力を最大限に引き出す設計とした。同時に、シナルマスが北側に整備したバスターミナルにもアクセスしやすいよう動線を確保した。交通利便性の良さに徹底的にこだわったのだった。

このプロジェクトが間違っていなかったことは、開発したマンションを売り出してみて、すぐに分かった。宗吉がここで計画したのは全5棟（総戸数5371戸）。このうち3棟が建築中で2019年秋に上棟したが、売り出した2247戸のうち約85％がすでに売れてしまった。

インドネシアは今、ちょうど調整局面にあるため、新築マンションの発売価格はここ数年、上昇が止まっている状態にある。宗吉が手がける開発プロジェクトにも影響がないわけではないが、1戸あたりの販売価格は2万～4万ドル（約220万～440万円）とシナルマスが進めるプロジェクトの50～70％程度の価格帯に設定したことが奏功した格好だ。とりわけ庶民に喜ばれた。

インドネシアの大卒の年収は30歳で1万ドル（約110万円）、マンションの発売価格はその年収の約2倍といったところで、庶民になれば年収が下がり、負担はさらに重くなるが、それでも売れた。ジャカルタ中心部に毎日通勤する中間層を視野に入れた商品設計とし、1日を渋滞の中で過ごすより電車利用で毎日の時間を家族と過ごすために買うマンション、というコンセプトで販売したのが見事に受けたのだった。宗吉の狙いはここでも的中した。

政府注力の住宅政策に乗る

インドネシアのチカラン、カラワンエリア。ジャカルタから東に30キロ程度の工業地帯だが、宗吉はここでもあるユニークな開発プロジェクトの実験を始めた。100万円住宅プロジェクトだ。

チカラン・カラワンと呼ばれるエリアには、あわせて6～7つの大規模工業団地が広がる。そのなかには日系企業が開発する工業団地もいくつかある。伊藤忠商事が開発を進めるカラワン工業団地（トヨタ自動車、ヤマハなどが進出）、丸紅が手がける工業団地「MM2100」（ホンダ、デンソーなどが進出）、双日が主導する工業団地「デルタマス」（イオン、スズキ、三菱自動車などが進出）などだ。

周囲には東南アジアらしい田園風景が広がる。その田園地帯を抜けてバイクで約30～40分行った場所に宗吉が手がける壮大な実験場がある。ローコスト・ビレッジ・プロジェクト「ムスティカ・ビレッジ・スカムリア」だ。田んぼを埋め立て約35ヘクタールの土地を確保、2019年からここで1戸建ての販売を始めたのだった。総戸数3100戸。5～6軒の平屋建ての住宅が長屋のように連なる連棟式の住宅で、1戸あたり約1000万円。工業団地で働く低所得者向けに販売を開始した。

1軒あたりの土地面積は60平方メートル。建物の延べ床面積は24～30平方メートル程度だ。成熟した日本からみれば「安いが小さい住宅」だ。しかし、「バナナハウス」と呼ばれるバナナの葉で屋根を葺いた掘っ立て小屋に住んだり、何家族も同居したりが当たり前のインドネシアの低所得者にとっては魅力的な住宅だった。まだ始めたばかりだが、日本企業のブランドと手堅い仕事が受けて、公務員や軍人向けに月40～50戸が継続的に売れる。「事業を継続的に成長させたければ、中間層と低所得者層を狙うべし」。宗吉の信念通りのプロジェクトで、これが見事に現地で受け入れられている格好だ。

ただ、もちろん宗吉が動くのだ。きれいごとだけではない。宗吉なりの読みがある。それがジョコ大統領が掲げる政治公約「低所得者向けのローコスト・ハウジング政策」だ。いわゆる「FLPP（Housing Finance Liquidity Facility）プロジェクト（低所得者向け住宅開発）」で、日本のように政府傘下で都市再生機構（UR）などの組織は立ち上げない代わりに、住宅ローンの担保価値を算定する「掛け目」や金利など金融面で支援し、2015年から2019年で年間100万戸の住宅を供給する計画を打ち出している。実際の住宅供給は全く計画に追いついていない状態で「この波に乗れれば、インドネシアでの事業規模が一気に拡大する」と見ているのだ。

そのFLPPプロジェクトで政府が用意する金融制度はこうだ。まず対象とするのは月収400万ルピア（3万3000円）未満の世帯。この世帯に金利5％、貸付期間20年、頭金は住宅の購入価格の5％という条件で住宅ローンを提供する。民間銀行の金利がほぼ10％、貸付期間もだいたい10〜15年で頭金は30％を必要とするのに比べると極めて好条件。しかも2019年10月にはローンの掛け目が99％まで引き上げられ、2020年からは1万円の現金があれば、月収2万〜3万円の労働者が月々7000円程度の返済で、一戸建ての家を買えることになる。

しかし、政府がこれだけ支援してもまだ住宅は足らない。2010年段階で1350万戸以上が不足していたが、現在に至ってもまだ1000万戸前後が不足している。国民の平均年齢は低く、経済は成長過程にあり、「まだまだ、ローコスト・ハウジングのマーケットは成長する」と宗吉。

〝特攻隊長〟は元農水官僚

そんな流れのなかでスタートした「ムスティカ・ビレッジ・スカムリア」プロジェクトはいわばその前哨戦だ。うまくいけば、日系企業としては初めてインドネシアの国家プロジェクトであるローコストハウス建設事業に本格的に参画できるチャンスが出てくる。

それはインドネシアの国民にとっても吉兆かもしれない。政府が庶民向けの住宅づくりで旗を振るなかで、地元の経験の浅い工務店なども相次ぎ市場に参入してきている。

クリードが手がける「100万円住宅」

100万円住宅だから、「安かろう。悪かろう」で通ることは通る。しかし、なかには造ったその瞬間から屋根が傾き始めたり、壁にヒビが入ったりといった商品を平気で供給するところも少なくない。

この市場の常識を日本ブランドであるクリードが「安価だけれど品質の高い住宅を供給する」とすればどうだろう。「日本のクリードという会社がいいらしい」という話が広まっていけば、宗吉が手がけられる住宅の数はさらに増える。粗利にしても、現在は15%程度と決して高くはないが、さらに市場が大きくなり、将来、数万戸から数十万戸の単位にまでにプロジェクトを拡大できれば「資材の調達コストはボリュームを利かせられる分、さらに引き下げられる」。将来的には不動産テックであるクラウドファンディングなどの手法で日本を含めた先進国から広く資金を調達、事業を安定成長の軌道に乗せ拡大していきたいという。

鉄道網との一体開発、低・中所得者向け100万円住宅――。こうした最先端の取り組みは宗吉だけのアイデアではない。黒子がいる。菱垣裕介だ。元農林水産省のれっきとしたキャリア官僚だが、今はクリードでインドネシアの「ガイド兼特攻隊長」を務める。宗吉の武蔵高校時代の同級生で山岳部の仲間だった。変人と呼ばれることの多い宗吉から見ても「かなりの変人」で、高校時代は「ふっと学校に来なくなったと思ったら山にこもって木こりに弟子入りしていた」など逸話には事欠かない。

その変人、菱垣が「鉄道網一体型開発と低所得者向け住宅の2つを攻めてみろ」と宗吉に示唆していたのだった。

実は菱垣は農林水産省に数年勤めた後、「退屈になった」を理由に役所を辞めたが、その後国連や世界銀行のアドバイザーとしてアジアの開発支援に携わった経験を持つ。インドネシアでは25年の仕事歴を持ち、経済界はもちろん政界にもかなりの人脈がある。

それを見込んだ宗吉が「インドネシアをやってみたい。どう攻めればいいのか」と菱垣に相談を持ち掛けていたのだった。即座に菱垣はインドネシアの情報やデータを徹底的に収集、今、国として何が課題となっていてそれを解決するために政府は何をどんな手法でやろうとしているのか、そのための政策は何かを洗い出した。そのうえで住宅・不動産業界で何が新たなビジネスとして浮上しそうなのかを絞り込んだのだが、それが鉄道網と住宅地の一体開発、100万円住宅の2つだったというわけだ。

確かに「インドネシアの道路の渋滞」は世界的にも有名で、これからインドネシア経済がさらに発展していくうえでどうしても避けて通れない解決すべき課題だった。車社会から鉄道社会への転換、それに伴う新たな住宅地の開発は待ったなしの状態で、政府もそれに向け検討を急いでいた。だから「鉄道網の周辺を攻める」のは当然の帰結だった。

100万円住宅もまた同様の文脈だった。一定の経済成長を遂げ大半の国民がそれなりに「食べられる」ようになったインドネシアで、整備を急がなくてはならないのが住宅。しかも富裕層ではなく一般の工場で働く労働者たちの住宅だった。そして実際、政府はFLPPを打ち出した。菱垣の読み通りだった。「日本語で受けたメールを英語で返す」ほどの変人の菱垣だが、インドネシア経済の読みはど真ん中を射抜いていた。

菱垣はこうしたデータと過去の事例などを収集して整理、大きな流れを見定めたうえで将来の見通しを分析する「アカデミック・アプローチ」を得意とした。もちろん霞が関のキャリア官僚ならお手のもので、当然といえば当然ではあるが、宗吉が新しい国に進出したり、新しいビジネスに参入したりする場合には大きな力となった。菱垣が導き出した結論と宗吉の勘が一致しないことはあまりなかったが、それでも菱垣がロジカルに宗吉が進めるプロジェクトの正当性を担保してくれることは宗吉が率いるチームの士気を高めたし、投資家や金融機関に対する説得力のある説明にも役立った。

東京ドーム1200個分の開発にチャレンジ

そしてもう一つ、宗吉が今、インドネシアで夢中になっているプロジェクトがある。「コタ・ジャバベカ・プロジェクト」だ。アジア大会が開催できるほどのサッカー場やジャカルタでトップクラスのゴルフ場、それに貨物の保管や検査、通関手続きができる港湾施設「ドライポート」まで備えたエリアでの住宅づくりだ。開発面積にして600０ヘクタール、東京ドーム1200個分だ。宗吉の心が揺らがないはずがない。ジャカルタの中心地から東に車で30分。この広大なエリアで地元の名門不動産会社、ジャバベカが30年かけて開発を進めてきた工業団地を中核としたタウンシップだった。開発地には2つの発電所も整備されているという、日本では到底考えられないスケール感だ。

ただ、コタ・ジャバベカ・プロジェクトには泣きどころがあった。住宅だ。ジャバベカはインドネシアで最高水準の技術を持つ不動産会社だったが、工業団地の開発を得意としていた。だからコタ・ジャバベカ・プロジェクトも工業団地づくりから先に始まったのだが、せっかく整備した工業団地内の工場で働く人たちがジャカルタ市内の中心地から通うには最低でも1時間、渋滞に巻き込まれてしまうと3時間かかる。

このためコタ・ジャバベカ・プロジェクトのエリア内での住宅の建設を急ぐ必要に迫られるようになったのだった。クリードのプロジェクトへの参画はその流れのなかで出てきたもので、「東南アジアでさまざまな住宅プロジェクトを手がけるクリードなら間違いはないだろう」ということだった。宗吉にしてもインドネシアの大手不動産会社との提携は望むところだった。

これまで宗吉のビジネスのやり方は、地元の中堅デベロッパーと組む手法がほとんどだった。「小回りが利き、クリードの意見がよく通る」利点は確かにあったが、それだけでは限界があるのもまた事実だった。「ここは思い切って大きくやってみよう」。2017年、宗吉は踏ん切った。ジャバベカが開発したゴルフ場に隣接した場所で、サービスアパートメントを建設する合同プロジェクトを大手のジャバベカとともに立ち上げたのだった。

総戸数234戸。2020年中に完成する予定だが、1階部分にレストランや商業施設などを入れ利便性を確保した点が支持を受けその大半がスムーズに売れた。今後も周辺エリアで10棟程度の住宅をジャバベカと共同で開発していく計画で、クリードの仕事は当面、このコタ・ジャバベカ・プロジェクトだけでもしばらく広がり続ける。ジャバベカはインドネシア全土で「1000ヘクタール単位の開発を今後、100カ所で展開する」ことを打ち出しており、そうなればクリードの事業エリアもコタ・ジャバベカ・プロジェクトだけにとどまらず、インドネシア全域に広がっていく可能性もある。

6

バングラデシュ――小さくとも魅力にあふれた親日国

首都ダッカは押しも押されもせぬメガロポリス

バングラデシュ、シャージャラル国際空港。一歩外に足を踏み出すと一瞬、視界が暗くなる。出迎えの人たちが空港の正面にびっしり。あまりに隙間なく人が立っているので、光線の通り道をふさいでしまっているのだ。1平方キロメートルあたり1000人超と人口密度世界一の国は電車の乗り方も日本とは違う。車両のなかは人がすし詰め状態だが、それで乗れなければ今度は屋根の上に乗る。そこもびっしり。「時々人が落ちて、なかには死ぬ人も年に何人かはいる」

わざわざこうした国にやってきてビジネスをやろうという人はまずいない。相当の変わり者だ。ほんのたまに日本人がやってきて街を歩いていようものなら、いっせいに好奇の視線を引き寄せてしまう。そしてそれが宗吉だった。

しかし、奇を衒《てら》っているわけではない。宗吉なりに一般の人が考えるのとは別の理屈があった。

まず一般の人のイメージはこうだろう。「バングラデシュは狭い」。確かにそうだ。バングラデシュの面積は14万7000平方キロメートルで、日本の4割の規模だ。北海道と東北地方を足したくらいのところに、1億6365万人が住む。しかも国土のかなりの部分が湿地帯だ。インド大陸の東に位置するバングラデシュは大河ガンジス川がベンガル湾に注ぎ込む河口付近の湿地帯で、「黄金のベンガル」とも呼ばれる肥沃な土地だが、池や沼地も多い。ごく限られた土地に日本を上回る人口がひしめくわけだから人口密度は当然、高くなる。街は横に広がる余地は少なく建物を高層化して上に伸びていくしかない。生産性も高くない。かつて世界最貧国と呼ばれ、2018年度の1人当たりのGDPは1675ドルと、日本（3万9300ドル）の20分の1以下だ。

しかし、宗吉はこう考える。バングラデシュ全体でみれば確かに貧しい。しかし首都ダッカはどうだ。１人当たりのＧＤＰは約５０００ドル。タイの７４４８ドルに迫る。しかも人口は約２０００万人。タイの７割程度の所得水準の人が２０００万人もひしめくとなれば、文句なしの成長市場なのだ。仮に富裕層がたった５％だったとしても数にして１００万人。

その上、外資という意味ではさしたる競合相手もいない。手つかずの状態で放置されている。宗吉にしてみれば「放っておくなんて、こんなもったいない話」となる。

まずは新興住宅地に集中投資

もちろん障害は多い。お金を稼いだとしても送金規制が強く海外には持ち出しにくいし、勤労意欲も高くない。しかもグレーな取引を要求されるケースも少なくない。

例えば、ある地方の公共団体の幹部との取引などではこんなことがあった。この幹部はこんな要求をしてきたという。「うちが発注する工事の請け負い金額を正価の１・５倍で請求しろ。上乗せした分も含めて全額、請求した分を支払ってやる。しかし、後で上乗せ分は俺にこっそり戻せ。お前たちも仕事は取れるし、いったんは正価の1・5倍のお金を手にするのだから、俺に戻すまでの間に運用すれば受け取れる金利も多くなるじゃないか」

宗吉はこの手の話に乗ることはない。ただ、難しいのは断り方だ。相手が有力者だけに断り方を間違えるとこじれる場合も少なくない。うまくやらないと次の仕事に響く可能性もある。日本では考えられない苦労も多く、調整するための時間のコストもかかる。簡単ではない。

こうした不透明さは政府関係者に限った話ではない。まずマンションを建設するにしても、約束通りの工期で仕事が進まないし、マンションを販売したとしても、契約書に記載された通りにお金を払ってくれる購入者はほとんどいない。

それでも宗吉にとっては抑えきれないほどの魅力がある。街を走っている車はみんな日本車。国旗も日本に似せてつくるほどの親日国だ。しかも2000万円、3000万円のマンションをポンと買ってくれる富裕層が一定の割合でいる。「バングラデシュは止められない」のだ。

ただ、闇雲に攻め込んだわけではない。2013年、クリードはバングラデシュに進出したが、あえて宗吉はダッカの中心地を外した。中心地はグルシャン、バリダラと呼ばれるエリアで、東京でいえば港区または渋谷区に相当、高級マンションも多い。ただ、最初からここでやれば金額が高くなりリスクが大きい。建設現場で働く人の日当は1日100円程度で、マンション建設にかかるお金は日本とは比べものにならないほど小さいが、国力に不安定さが残る分、為替リスクも高い。

だから、中心地から東北にずらしたボシュンドラという新興住宅地に経営資源を集中投資した。湿地帯を埋め立てたエリアで地位《じぐらい》は決して高くないが、空港に近いほか、ジャムナヒューチャーパークというアジアで最大級の商業施設がある。ダッカでトップクラスのアポロ病院もあり利便性は抜群だ。ここで4棟（99戸）のマンションを販売したところ、バングラデシュで人気の女優が購入してくれたこともあり、ほぼすべて売り切ることができた。

もちろんここまでは全くの前哨戦だ。「もっともっとスケールを出していかないと、まだまだこの国に入っていった意味はない」

「ガツーンと行こうよ。ガツーンと」。村上世彰の言葉が今、宗吉の頭の中でリフレインしている。

エピローグ

稲盛や孫に匹敵する男、宗吉敏彦

成長のエネルギーが大きい東南アジアを選ぶ

久しぶりである。話を聞いていてわくわくするような男に会ったのは。77個の衛星を使って世界中を結ぶ「夢の通信システム」の構築を目指した京セラの稲盛和夫、10兆円というとてつもない規模のファンドを運営、時価総額200兆円を目指すソフトバンクの孫正義。彼らが目を輝かせながら語る話は、黙って聞いているだけで胸がときめいた。宗吉敏彦もそうだ。「わくわく感」だけなら決して負けない。稲盛や孫に匹敵する男である。

まず発想が奇想天外だ。それでいてロジカル。しかも根は真面目。そしてせっかちで飽きっぽい。複雑怪奇、一般人の理解を超える男だが、話していてとにかく舌を巻くのが、その「消化力」の高さだ。幅広い方面から多種・多様な情報を集められるだけ集めて、手際よくザッと整理してみる。それでちょっとだけ考えてストンと横串を通し、まるでオレンジをスパッと横から切ってみせるように「要するに現状はこうだ」とまとめてしまう。

例えば不動産ならこうだ。「日本はもう成熟してしまっている。新興企業が伸びていける隙間は残っていない。ところが東南アジアはどうだ。成長のエネルギーに満ちあふれている。これだけデータが裏付けているじゃないか。リスクはこれだけ。リターンはこうだ。東南アジアに今、出て行かないのはウソだ」

宗吉はリーマン・ショックに巻き込まれ日本で一敗地にまみれた後、再起を期したが、その場所として再び日本を選ばなかった。理由は単純明快だ。東南アジアの方が成長のエネルギーが大きいからだ。成長のエネルギーが大きい分だけ、チャンスは日本の何倍にもなる。しかも人々の平均年齢が低く、成長のスピードも速い。２０１８年時点で日本の平均年齢が47・7歳なのに対してベトナムが30・9歳、インドネシアは28・8歳、カンボジアが24・3歳、ラオスは23・1歳である。経済成長率も5～7%台。0・7%の日本に比べると雲泥の差で、当然、不動産の価格も上がる。この成長のエネルギーを取り込まないのは「実にもったいない」と宗吉の目には映るのである。

それには工夫もいる。努力も勉強も必要だ。歴史も宗教も民族性もすべてがビジネスに直結してくる。日本の非常識が東南アジアの常識だったり、またその逆だったり。それを1つ残さず頭にたたき込んでおかなければ仕事にならない。その国で本当の権力を持つ政治家は誰か、資金源は誰か、住宅制度は現在、どうなっていて、どういう方向に変わっていきそうなのか……。これを宗吉はやる。ありったけの情報をすべて飲み込み、強力な胃袋で消化し、自分の血肉に変えていく。

人と同じことをしていたら、人と同じ結果しか得られない。非凡な結果を求めるなら、非凡にやるしかない。ピリピリするような緊張感のなかで血のにじむような努力をする。それがうまくいった時、結果に結びついた時の達成感が宗吉にはたまらなく面白い。挑戦し続け、時には失敗しながらまた挑戦し、プロジェクトを成功させることで自分の実力を確認する。その繰り返しこそが生きている証しなのだ。

変人は変人を呼ぶ

だから変人。非凡で努力家の変人。そして周りも変人だらけだ。変人しか宗吉の周りには残れない。宗吉が発散する変人のエネルギーに耐えられないのだ。

東大経済学部を卒業、中小企業金融公庫から経済産業省に出向して将来を嘱望されていたのに突然辞め、宗吉に惚れ込んだ江口崇、大林組で開発を担当、悠々自適でいられたのに「いわゆる大企業」に退屈してクリードにやってきた約仕知宏、新卒でクリードに入社し会社更生手続き開始を申し立てる前に転職していたが、宗吉が東南アジアで再起することを聞いて再び「わくわくしたい」と舞い戻ってきた山口真一。それに時折、クリードの社員でもないのにふらっと現れ、「友達だから」と宗吉を助け、またふらっと消えてしまう元官僚でベンチャー企業経営者の菱垣裕介。武蔵中高の同級生だというだけでクリードの共同創業者となってくれた松木光平。みんな癖の強い変人ばかりだ。

それだけではない。ビジネス上のつき合いもこれまた変人ばかりだ。筆頭は実業家のスー・マ。ラオス生まれの華僑だが、実に変人、しかも宗吉と気が合う。長期のバカンス期間には互いに子どもを相手の家に遊びに行かせ、預け合う関係だ。子どもを相手のファミリーに預けるのは華僑流のつき合い方なのだが、スー・マも宗吉を信頼しきっている。このほかにも、カンボジアで2年間僧侶として修行していた宗吉の息子の面倒をみてくれたカンボジアの友人、J・P・センなどもやはり宗吉を面白がる変人の1人だ。

みな宗吉の非凡な才能に惹かれ、魅力に取り憑かれる。決して輝かしい部分だけではない。そこに裏付けされた泥くささ、努力、それにアイデアのユニークさに引き込まれ、「何だか面白そうじゃないか」と宗吉をバックアップするために集まってきて「チーム宗吉」がいつの間にかできあがる。

宗吉の家族も裏で宗吉を支える「チーム宗吉」のメンバーだ。聖奈子夫人は銀行の役員秘書だったが当時目まぐるしく変わる世の中を見て、何か一から立ち上げる場で自分の能力を試してみたいと退職。転職先探しのなか偶然「面白い社長がいて秘書を探している」と紹介されたのが宗吉だった。

面接で会った宗吉は何日も徹夜をした後のように頭はもじゃもじゃ、シャツはヨレヨレだったが、眼光だけは鋭く自信に満ちていた。最初、相手の話を少しだけ聞くと後は宗吉の独壇場、今自分がどんなに面白い仕事をやっているのか、それがどれだけ社会的な意義があるのか、滔々《とうとう》と語り続けたのだった。その話の面白さに思わず引き込まれ、帰る時には入社を決めてしまっていた。

宗吉と結婚してみてよく分かったのは、宗吉が世間的な評価を全く求めていないことだった。その辺が一般的な人間と物差しが違った。それが証拠にクリードが急成長、2部上場にこぎ着けたあたりで宗吉は有頂天になるどころか、鬱《うつ》になってしまった。宗吉を知る人は口をそろえて「あれは絶対に鬱になるような男ではない」と言うが、夫人に言わせると「外では元気だったが、家に帰ると塞ぎ込んでいた。明らかに鬱だった」。

大衆からの支持こそ成功への近道

当時、沈みっぱなしの宗吉の気持ちとは裏腹に、会社は極めて好調だった。不動産投資信託（ＲＥＩＴ）にも参入、会社の売上高、利益はともに驚異的なスピードで拡大していた。半面、上場したことで経営は自由度を大きく失った。株主などステークホルダーに配慮した経営を余儀なくされ、常に利益を上げ続けることを強いられるようになってしまった。宗吉が本当にやりたいのは会社を大きくするためだけの仕事ではない。付加価値の高い仕事や息の長い街づくり。やっていてわくわくする面白い仕事だった。会社の経営が健全であることはもちろん大切だったが、稼ぐだけの仕事には何の興味もなかった。

だからクリードが破綻し再建計画を完了させた時、夫人は宗吉にこう言った。「これで、ようやくあなたのやりたいことができるじゃない」。ステークホルダーの呪縛から解き放たれた瞬間だった。

しかし生活は火の車だった。乗り慣れた外車も売り、手持ちのものはすべてなくなった。子どもたちには外出時、自動販売機で飲み物を買わなくていいように水筒に水を入れ持たせた。変人、宗吉に連れ添う夫人の苦労は並大抵ではなかった。生活は激しく浮き沈みを繰り返した。「本当に大変」

ただ、人は変わっていても、ビジネスの進め方は覇道を選ばない。宗吉は常に王道のビジネスを選ぶ。基本とするマーケットはそれぞれの低所得者層から中間所得者層。そこに品質の高い住宅をできるだけ妥当な価格で供給する。しかも1戸1戸、消費者の顔を見ながら売っていく。期日は守る。間違ってもファンドへの丸投げ、利益だけかすめ取るような手法はとらない。実に当たり前に、そして愚直に真っすぐに攻める。ビジネスの王道を外さないのだ。ここが宗吉の不思議なところでもある。

おそらく照れもあってか口にこそ出さないが、宗吉には「大衆に支持されるきちんとしたビジネスこそ成功への近道」との信念がある。確かに戦後日本で、この信念に従ってものづくりを進めてきた会社が成功を収めた。パナソニック、ソニー、トヨタ自動車、大和ハウス工業……。いずれもが戦後日本の大衆を捉え、大衆が豊かになるスピードと歩調を合わせながら会社も発展を遂げてきた。

宗吉は、その高度成長期の日本の成功モデルを今度は東南アジアの国々に当てはめようとしている。経済の発展度合いにはそれぞれ5年~10年ずつ差があり、この時差をうまく活用するのだ。

まず日本の高度成長期の成功モデルをタイで試し、そこで成功すると今度はインドネシア、次にベトナム……。まるでタイムマシンで時間を遡《さかのぼ》るようにビジネスを広げていくのだ。その際、決して踏み外してはいけないと宗吉が考えているのが「売り上げはお客様（中間大衆層）への役立ち高」という松下電器産業（現パナソニック）の松下幸之助流の考え方なのだ。大衆がうなずいてくれる商品、サービスでなければ結局は最後まで勝ち残れない。長続きもしない。
「清明正直（きよく・あかるく・ただしく・まっすぐに）」――。
この基本中の基本こそビジネスの要諦であることを宗吉はわきまえている。

「リスクを取らない奴にはリターンはない」

異才にして変人、そして対極にある愚直。この不思議な取り合わせこそ宗吉の魅力なのだろう。それが日本を飛び出して花開いた。もちろん仮に宗吉が日本で再起を試みていたとしても、一定の成果を収めていただろう。ただ、成功の度合いが現在ほどのものになっていたかどうか。

恐らくそうはならなかっただろう。東南アジアという右肩上がりのエネルギーに宗吉の挑戦意欲、好奇心が重なっていったからこその相乗効果だったに違いない。

東南アジアにまだまだ可能性が眠っている。しかも無限に。宗吉はその掘り起こしの続きを自分の息子たちに託せれば、と考えている。宗吉には現在5人の息子がいるが、彼らが幼い頃からまるで華僑のようにアジアで展開しているプロジェクトを1つ1つ見せ、解説し、子どもたちにビジネスの手ほどきをする。水牛が水に首までつかるカンボジアの沼地を見せながら、「ここをたくさんの人々が住む街につくりかえるんだ」。そして何度も言い聞かせるのだという。

「リスクを取らない奴にはリターンはない。リターンが欲しいならリスクを取れ。チャンスの神様には前髪しかない。通り過ぎてしまった時には遅いんだ。チャンスを逃すな。そしてチャンスをチャンスと理解できる目とチャンスをモノにできる実力を身につけろ」

学生時代、宗吉は「だいたいいつも、ろくに勉強しなかった」。中高を過ごした武蔵時代もそうだったが、それにはこんなエピソードがある。中学に入学して早々、当時はやっていたルービックキューブの全面をそろえる方法を数式を使って解説した同級生がいたのだという。見渡せばそんな猛者がぞろぞろ。以来、「これでは俺は勉強しても勝負にならない」とすっかり勉強をするのを諦めてしまった。

それでも武蔵時代、いくつかかけがえのない教訓を得たという。その1つが、武蔵建学の精神「武蔵の三理想」。

東西文化融合のわが民族理想を遂行し得べき人物

世界に雄飛するにたえる人物

自ら調べ自ら考える力ある人物

宗吉は武蔵を卒業して40年近く経った今になって、この「三理想」をすべて実現しようと考えている。「東西文化の融合」はまさに現在、やっていること。「自ら調べ自ら考える」はもはや現在では座右の銘だ。ただ、40代までにどうしても果たせなかったのが「世界に雄飛するにたえる人物」になることだ。50代半ばに差しかかりいまだに宗吉が飛び回るのは、これを「やり残した」と思っているからだ。「俺はもっともっと世界に雄飛する。それまでは止まれない」。だから、この瞬間も宗吉は走り続ける。「今よりも遠くへ、今よりも高く、俺は世界に向かってまだまだ飛べるはずだ」

宗吉は現在、東南アジアに5つの家を持つ。その時々に応じてビジネス上、つながりのできたさまざまな人間がその家に出入りする。人種も宗教も国籍もみんなバラバラ。来る者は拒まず。「面白い話がある」と聞けば、どんどん家に招き入れ、酒を飲みながら夜更けまで話を聞く。家もまた宗吉にとってビジネスの戦場なのだ。

そしてその5つの家すべての一番目立つところに、宗吉は大きな世界地図を掲げているという。

第1部は2018年11月13日から2019年4月9日まで日経産業新聞に連載された「クリード再起アジアの地熱（全15回）」をもとに大幅に加筆、再構成した。数字は原則、取材時点のもの。文中敬称略。

第2部

アジア・マーケット点描

富山 篤

1

アジア新興国の若さと経済のいい関係

高齢化が進む日本とは対照的にアジア新興国は若い。日本の平均年齢は47・7歳とモナコに次いで世界で2番目に高齢化が進んでいるのに対し、東南アジアで40歳を超えた国はない。高齢化が進んできたといわれるタイでさえ、まだ38・3歳にとどまる。フィリピン、カンボジアは24歳台にとどまり、総人口に占める労働力人口が増えて経済成長が促進される「人口ボーナス」の期間に入ってくる（巻末付録［ii］の表参照）。

出生率自体は日本同様、アジア新興国でも減少傾向にある。平均年齢が若くなるのは高齢者が少ないこと、言い換えれば平均寿命が短いことも影響している。国連の調査によると、2020年時点の世界の平均寿命が73・2歳なのに対して、ミャンマーは67・78歳、ラオスも68・89歳にとどまる。医療水準が低く、豊かになってきたとはいえ、栄養状態も先進国よりはずっと劣る。

若い国民が多いことは経済にとってはプラスだ。結婚し、子供をつくり、家や車を買うという消費行動につながりやすい。国民1人当たり国内総生産（GDP）が3000米ドルを超えると、家、車、家電などが普及しやすくなるといわれており、ASEANに後から加盟したカンボジア、ラオス、ミャンマー、ベトナム（頭文字を取ってCLMVと呼ばれる）も間もなくその時期に入る。

ベトナムでは不動産最大手で、同国を代表する複合企業に育ったビングループが2019年半ばから、初の国産車を発売した。年間30万台程度のベトナムの新車市場にあって、2025年までに年間50万台を販売するという超強気の計画を立てている。ビングループは2019年12月にはグーグルの基本ソフト（OS）を搭載したスマートテレビも発売した。いずれもベトナムの消費者の購買力が高まったことに対応した。ミャンマーではトヨタ自動車が2021年にも初の工場を稼働する。ピックアップトラック「ハイラックス」などを生産する。

こうした個人消費の拡大に支えられ、アジア新興国の経済は順調に成長している。2018年と2011年のGDPを比較したところ、日本は10%以上マイナスとなる一方、バングラデシュは2・2倍、ラオスも2倍、ベトナムは79%増と増加が著しい。ここ数

アジア新興国の経済（GDP）は急速に増えている

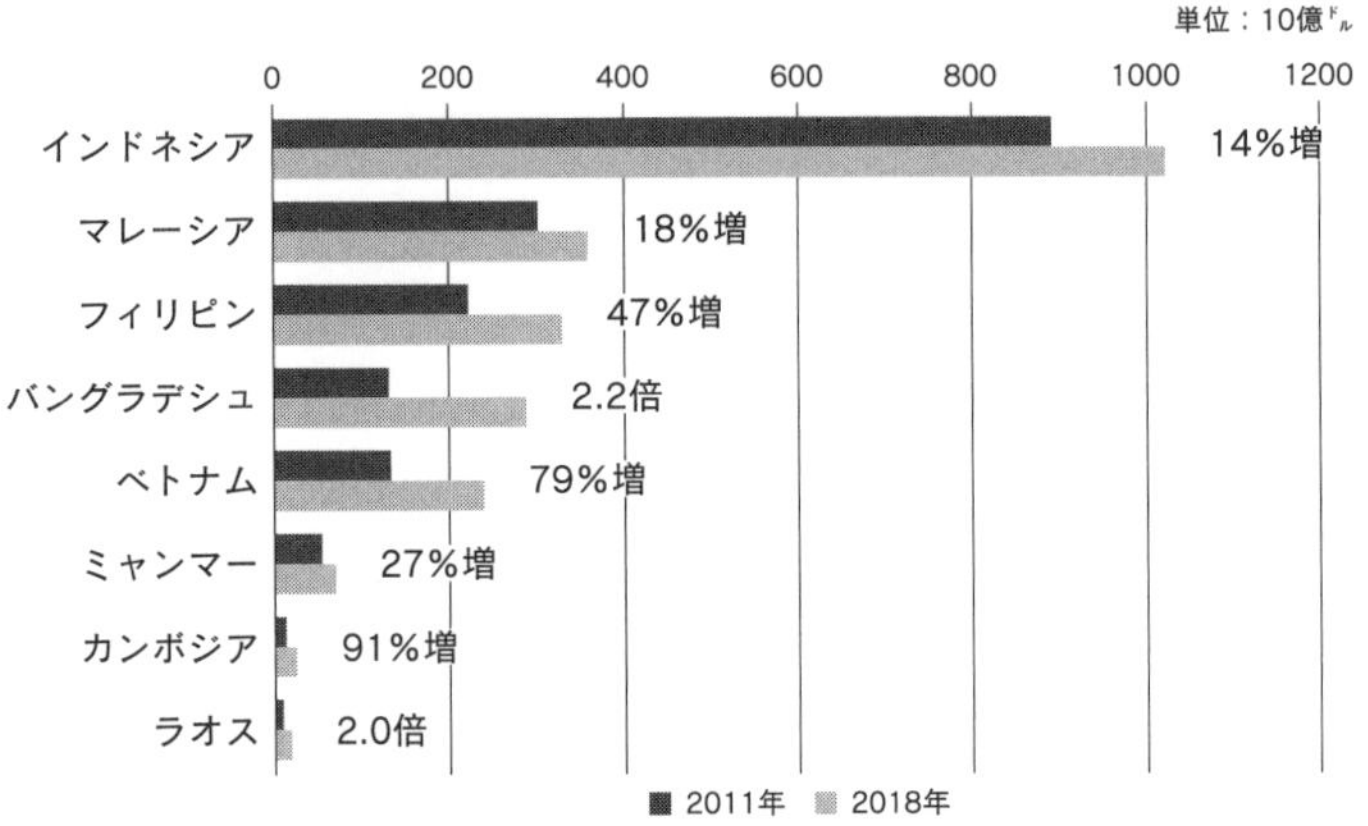

（注）増加率は2011年比
（出所）IMFのWorld Economic Outlook Database, October 2019

ベトナム初の国産車（ビングループ ウェブサイトより）

年のGDP成長率を見ても、ベトナムやフィリピンは前年比で7％前後、インドネシアやマレーシアも5％台の経済成長を持続している。米中貿易摩擦の影響を受け、工場を中国からベトナムやカンボジアなどの東南アジアに移転する動きも加速しており、2020年以降の経済成長がさらに加速する可能性はある。

2 低すぎる失業率が示すもの

東南アジアは世界的に見て失業率が低い。国際通貨基金（ＩＭＦ）によると、２０１８年のタイの失業率は１・２％、ベトナムは２・21％に過ぎず、日本の２・44％、世界平均の約５％よりもずっと低い。しかし、この数字にはどうにも合点がいかない。豊かなシンガポール、マレーシアはともかく、タイ、ベトナムでなぜこんなに低いのか、と思ってしまう。

ベトナムに駐在していて、昼間から喫茶店や路上でぶらぶらしている人の多さに驚いた。「失業率が低いのに、なぜこんなに暇そうな人が多いのか？」と知り合いのベトナム人ジャーナリストに聞いたことがある。彼の答えは「国際労働機関（ＩＬＯ）とベトナムの失業率の定義が違うからだ」と答えた。詳細はベトナム政府も発表していないようだが、アルバイトや日雇いでも月に一定時間働けば「有職者」とみなされるのだとい

2018年の完全失業率（%）

インドネシア	5.50
フィリピン	5.33
ミャンマー	4
マレーシア	3.33
日本	2.44
ベトナム	2.21
シンガポール	2.1
タイ	1.2
カンボジア	0.7（※）

（出所）IMFのWorld Economic Outlook Database, October 2019
※カンボジアはILOデータで2016年

う。ベトナムにはグラブなど配車アプリが急速に普及したこともあり、バイクさえあればすぐに仕事にありつける。タイでも同じように、季節労働者を有職者とみなすことなどから失業率が低めに出ている。

ＩＬＯの２０１６年のデータによると、カンボジアの失業率は０・７％に過ぎない。フン・セン首相に厳しい立場を取ったとして廃刊させられた地元の有力紙、カンボジア・デイリーは過去に「実態を反映していない」として批判した記事を書いている。

スーパーでパンを買い、少し手間賃を上乗せして道路沿いで売る農民も「有職者」となる（ハノイ）

どの国でも政府は自国の失業率が低い、と国民に喧伝したいもの。低すぎる東南アジア各国の失業率はそんな政府の意向を受けたものである可能性が高いのではないだろうか。

低い失業率に国民が喜んでいるかというと、そんなことはない。ベトナムにしても、タイにしても、職をころころ替える人が多く、一時的な失業状態など大して気にしていない。失業率が高かろうが、低かろうが、割の良い仕事がどれだけ自分に回ってくるか、に関心がある人が多いように思える。

3

ベトナムが経験した3度の〝不動産バブル〟

社会主義を標榜し、個人の土地利用の制限が大きかったベトナムは1990年代以降、地価上昇局面を少なくとも3回経験した。1度目は1993年の土地法改正で、個人間の土地売買が容易になった。2度目は2000年代初めの投資ブーム、3度目はベトナムの〝世界デビュー〟ともいえる2007年の世界貿易機関（WTO）への加盟に伴う外資企業の進出ラッシュだ。

ベトナムに転機をもたらしたのは、1986年の共産党大会（5年に1度開催）で提唱されたドイモイ（刷新）政策だ。外資・民間活力の導入、市場開放など共産主義から資本主義への大きな政策転換をうたうもので、中国の鄧小平氏が主導して1978年に提唱された改革開放政策に似ている。土地法改正、WTO加盟、サムスンなど外資誘致といったベトナムの経済成長の原動力となった数々の施策のバックボーンとなった。

ベトナムでは地価が高騰する「バブル」が3回あった

年	主な出来事	地価高騰
1945	ホー・チ・ミン氏、独立を宣言	
1973	日本との外交関係樹立	
1975	約15年続いたベトナム戦争終結	
1986	共産党大会で「ドイモイ政策」提唱	
1992	日本、1979年から凍結していたODAを再開	
1993	土地関連の法規制改正、売買が容易に	🔥
1994	米国、対越経済制裁を解除	
1995	米国とベトナム、国交を正常化	
1997	アジア通貨危機。外資少なく痛手小さい	
2000年代初め	金と不動産への投資熱強まる	🔥
2007	ベトナム、WTOに加盟	🔥
2009	サムスン、同国初の携帯、スマホ工場	
2009	1人当たりGDPで「中所得国」に	
2012	サムスン効果で初の貿易黒字に	
2014	サムスン、ベトナムの第2工場稼働	
2014	イオン、ホーチミン市に同国1号店	
2019	ビン、越最大の約400メートルの高層ビル完成	

地価の上昇が顕著だったのは首都ハノイと最大の商業都市、ホーチミン市。2011年に格安航空会社（LCC）のベトジェットエアが新たに就航し、国内移動が容易になったことや、中部ダナン、南部メコンデルタのカントーといった地方都市が発展したことなどから、地価が上昇する地域は広がっていった。

4

嫌い？ でも大事。ベトナムと中国の微妙な関係

ベトナムにとって中国は世界で最も大事な国といえる。同じ共産党支配で、国境を接し、総輸入額の27・7％（2018年実績）を占める最大の輸入相手国だ。その一方で、1979年には中越戦争が起こり、1988年には南沙（スプラトリー）諸島のガックマー岩礁で中越両軍が衝突し、ベトナムの兵士70人近くが艦砲射撃で死亡した。現在でも南シナ海の領有権問題はベトナムの最大の懸案といえる。

今、ベトナムで中国人が急増しているのが、ベトナム第3の都市ダナンとベトナムのハワイとも称される南部のニャチャン。2010年代後半から中国の格安航空会社（LCC）が相次ぎ直行便を就航し、安く来られるようになったことに加え、2015年7月から外国人の土地保有が解禁されたことが追い風となっている。上昇が続くベトナムの土地を安いうちに〝爆買い〟しておこうとする中国人が増えている。

ベトナムにとって中国は最大の輸入相手国

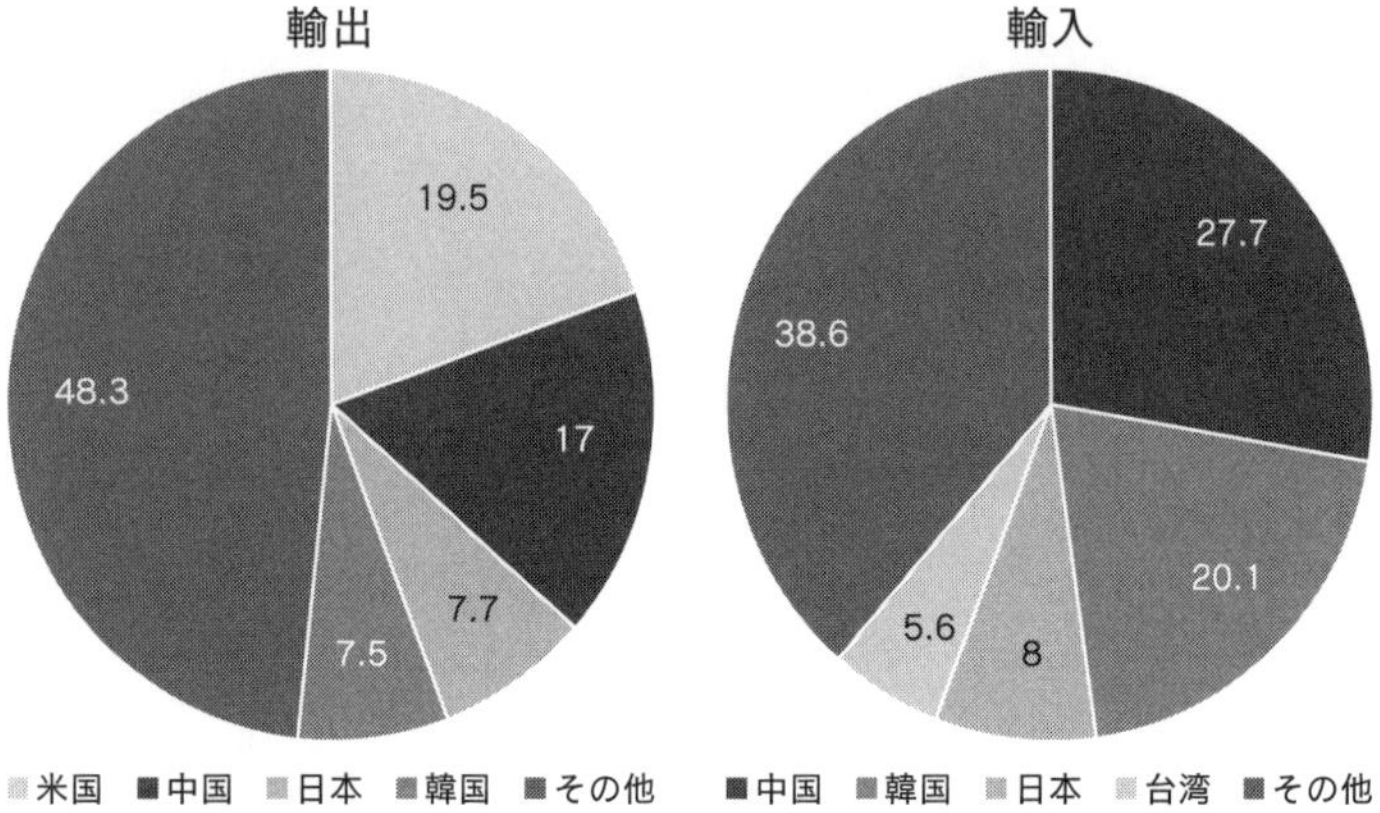

（出所）JETRO（2018年実績）

筆者の率直な感想ではベトナム人の多くは中国人が好きではない。「うるさい」「列に並ばない」など日本人がベトナム人に対して抱いていそうな不満をベトナム人は中国人に持っているように思える。

しかし、政治の世界は違う。ベトナムは指導者が米国を訪れる際、直前に中国を訪問するのが通例となっている。一度ある政治家がそれを怠り、顰蹙《ひんしゅく》を買った。ベトナムの経済成長のきっかけとなった「ドイモイ政策」は中国の鄧小平氏が進めた「改革開放政策」をモデルにしており、現在取り組んでいる国営企業改革も中国がお手本だ。ただ、親中を声高に叫ぶと、国民の不興を買ってしまう。国益は守りつつ、適度な距離を保つ。八方美人外交が持ち味のベトナムの真骨頂といえるだろう。

5

ベトナムの「富」が一気に25%増えた理由

ベトナム政府は2019年12月13日、衝撃の発表をした。ベトナムの「富」である国内総生産(GDP)が2010~2017年分の平均で25・4%増えたというのだ。国の豊かさを測る尺度である1人当たりのGDPは2018年で約2590ドルとみられていたが、一気に3000ドル程度まで増える。これはフィリピンと同規模になり、ASEANのなかで「貧しい国」と位置付けられていたベトナムは、予想外に豊かだったということになった。

なぜこんなことが起きたのか。ベトナム統計総局のグエン・ビック・ラム局長によると、「算定手法を国際標準に合わせたから」なのだそうだ。製造業、建設業などGDPの捕捉対象となる企業を増やし、GDPの金額も増えた。

しかし、この統計には裏があるとの見方もある。ベトナムは公的債務の「65%ルール」

ベトナムの1人当たりGDPの推移

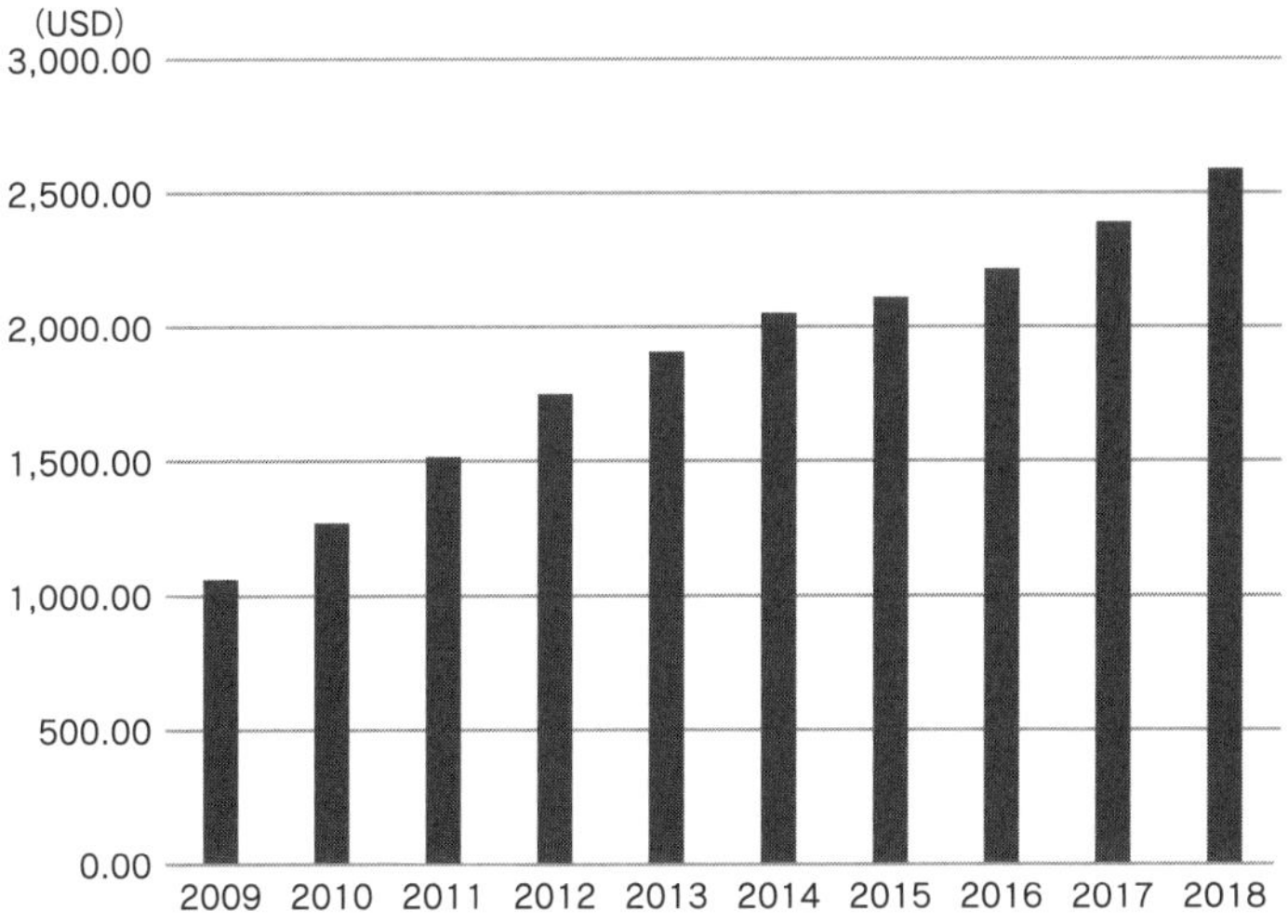

（出所）ベトナム統計総局（GSO）、2019年12月のGDPの修正以前のデータ

という国会が定めたルールがある。簡単に言うと、GDPの65％までしか借金してはならない、という財政悪化を防ぐための決まりだ。2016年時点では64・6％、2019年時点予想は56・1％だった。筆者がかつて日経新聞のハノイ特派員時代に、ある政府高官を取材したとき、「65％ルールは問題ない。ベトナムのGDPはどんどん増えている」と言っていた。その当時は確かにそうだと思ったが、まさか統計を修正するとは思わなかった。これでGDPという「分母」が増え、ベトナムはより

ハノイの街中では果物や野菜を自転車で売り歩く行商人をよく見かける。農家の収入は最低賃金よりはるかに安く、わずかな現金収入が貴重だからだ（ハノイ）

多くの借金ができるようになった。南北を結ぶ高速鉄道、ホーチミン市近郊の新空港など大型インフラ計画が目白押しのベトナムにとって救世主となるわけだ。もちろん、ことの真偽は確かめようがない。あくまでも私見である。

ベトナムの統計は信用ならない、とみる人は私自身を含め、海外のメディアにとても多い。例えばベトナムの四半期ごとのGDP成長率を見ると、第4四半期（10～12月）の前年同期比の増減率がなぜか毎年いつも異様に大きい。2009～2018年のデータを調べたところ、第4四半期が最も伸びたのは9回。同じ期間の日本の成長率を見ると、たった2回だった。年末に生産や消費が増え、GDPが成長するのは毎年同じはず。なぜ第4四半期だけ伸びるのか、帳尻合わせのように見えてならない。

統計上、GDPが25%増えても、国民生活が豊かになるわけではない。「1人当たりGDPがフィリピンに追いついてうれしい」などと喜ぶ国民がいるのだろうか。

6

首都ハノイを襲う危険な空気

ベトナムは大気汚染がひどい。4000万台以上普及しているバイクの排ガスに加え、工場から排出される煙などが原因だ。とりわけ首都ハノイは中国南部から汚染された空気が流入し、年々大気汚染が進んでいる。2019年12月13日、とうとうハノイは世界最悪の大気汚染都市という不名誉な記録を達成してしまった。

スイスの空気清浄機メーカー、IQエアーが世界各国の測定状況を毎日まとめている。その統計によると、同日のハノイの大気質指数（Air Quality Indicator）は333と世界最悪になった。ランキング上位の〝常連〟であるダッカ（バングラデシュ）、成都・深圳（中国）などを上回った。しかも数値は300超えという「外出は危険」とされるレベル。その後、数値は下がったとはいえ、大気汚染を実感していたハノイ市民にとって大きな衝撃だった。

IQエアーによる都市別大気汚染ランキング（2019年12月13日）

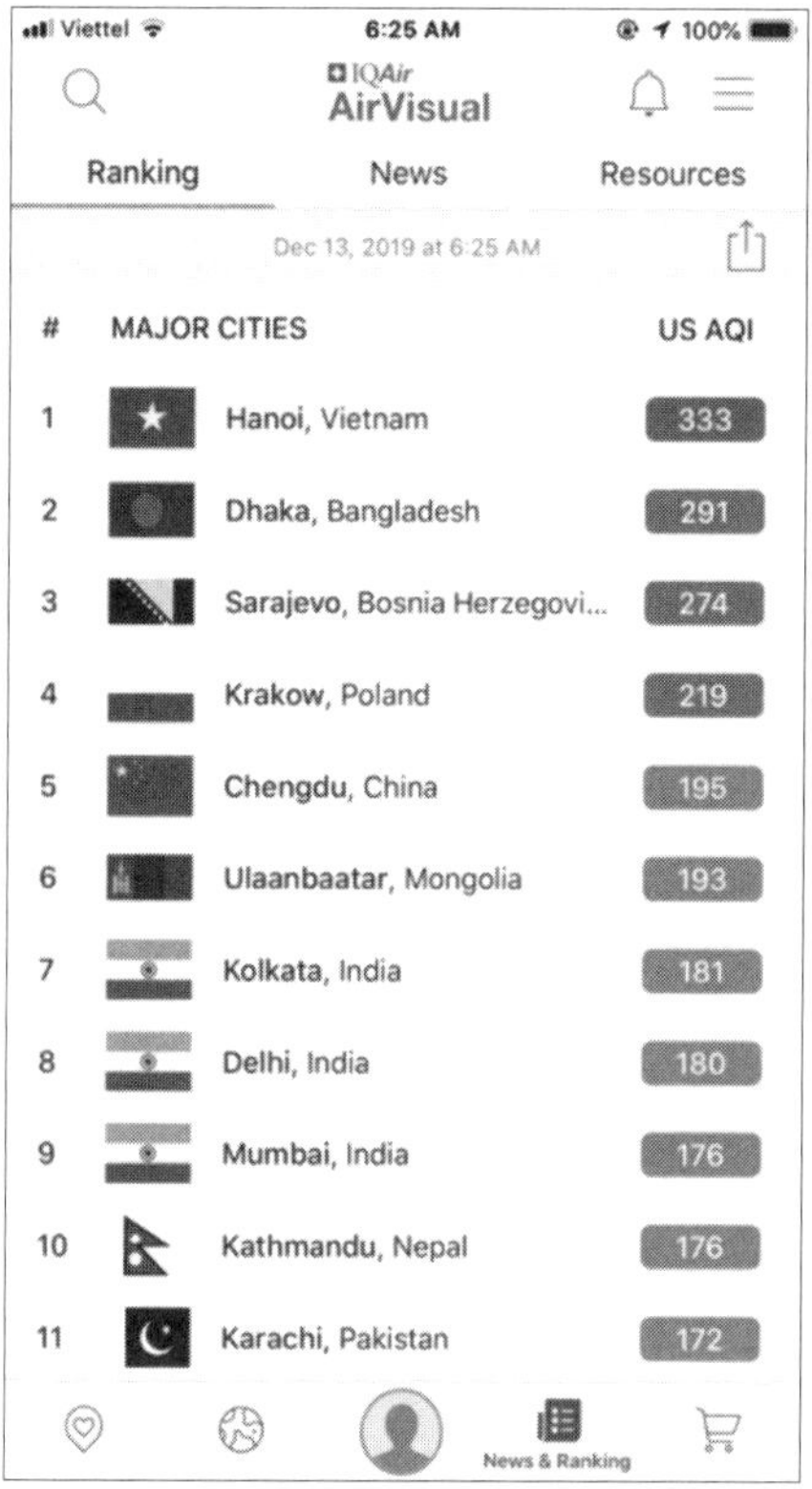

ベトナム国民はバイクに乗るときや外出するときにマスクをする習慣がある。大気汚染で急に呼吸器疾患などが増えたりする懸念はないと思われるが、ベトナム人は先進国並みに健康に気を配る人が多いので、空気清浄機、気密性の高い住設機器など関連商品の売れ行きは今後爆発的に増えるかもしれない。

ベトナム人へのお土産として日本製のマスク、のど飴、のどスプレーなどを持っていけば、きっとビジネスはうまくいくことだろう。

7 依然残るベトナム国営企業の影

米フォーブスのベトナム版「フォーブス・ベトナム」は2019年12月、ベトナムの公開企業トップ100のランキングを初めて発表した。売上高、税引き後利益、総資産、時価総額の4つの指標に基づいて順位を付けた。100社のうち、22社が銀行で最も多く、エネルギー、不動産、小売業などが続いた。上位を見ると、かつてベトナム経済を牛耳っていた国営企業の影が今でも見て取れる。

上位10社のうち、出自が明らかに国営なのが5社。銀行などは民営化が進んだ元国営企業も多いが、ペトロベトナムガスはベトナム最大級の国営企業ペトロベトナムの傘下で、現在でも国から強い影響を受けているとみられる。不動産のビングループは業界最大手にして、複合企業としても最大手。ビンホームズもグループ企業だ。

ベトナムが2007年に世界貿易機関（WTO）に加盟して以降、公正な競争を妨げる国営企業は批判の対象となり、ベトナム政府は国営企業改革を進めようとした。２０１７年には２０２０年までに４００社の国営企業の株式を売却すると発表した。声高に叫んだ方針とは裏腹に、実際にはまだ道半ばといったところ。ベトナム航空、ペトロベトナムガスなど上場した有力な国営企業はあるが、依然として政府は影響力を保持している。

改革が進まない理由は既得権益だ。国営企業は既得権益の宝庫であり、省庁、市など組織ごとに国営企業を抱えている。時には賄賂の温床になることもある。ペトロベトナムの会長だった元交通運輸相で元ホーチミン市書記のディン・ラ・タン氏が「企業に損害を与えた」として逮捕され、約30年の禁錮刑を受けるなど、国営企業幹部は下手なことをすると罰せられる恐れがある。政治的な要素も大きいのだが、国営企業幹部も改革に動きたくても動けない事情がある。

フォーブス・ベトナムが発表したベトナムの公開企業の上位10社

順位	企業	業種	出自
1	ベトコムバンク(Vietcombank)	銀行	国営
2	ベトナム投資開発銀行(BIDV)	銀行	国営
3	ビングループ(Vingroup)	不動産	民間
4	ベトインバンク(Vietinbank)	銀行	国営
5	ビンホームズ(Vinhomes)	不動産	民間
6	ペトロベトナムガス(PV Gas)	石油開発	国営
7	テクコムバンク(Techcombank)	銀行	民間
8	VP バンク(VPBank)	銀行	民間
9	ホアファット鉄鋼グループ(Hoa Phat Group)	鉄鋼	民間
10	軍隊銀行[MBB](Military Bank)	銀行	国営

ベトナム航空は2019年5月、ホーチミン証券取引所に上場した。政府は保有株を段階的に51%まで引き下げるとしている

8

ベトナム政府主導でゴルフ場計画続々

東南アジアでゴルフが盛んな国はシンガポール、マレーシアなど裕福な国が多い。ベトナムは政府が主導してゴルフ場を100カ所以上作ろうとしている。観光客誘致、外貨獲得といった経済効果を狙ったもので、担い手は住友商事と緊密に連携するBRGグループ、イオンのベトナム進出のパートナーでもあるヒムラムコーポレーションなど日本企業に近い不動産会社が多い。ノウハウ、日本人の誘客などメリットが大きいということかもしれない。

外国人の誘客を想定しているためか、ベトナムのゴルフ場は本格派だ。7000ヤードを超すコースも多く、ハノイのロンビエンゴルフ場には男子プロのトーナメント並みの「460ヤードのパー4」など難易度の高いホールも多数ある。設計者も有名人が多く、BRGが2015年にハノイに開設した「BRGレジェンド・ヒル」はジャック・

ベトナムのゴルフ場を手がける不動産会社は日本企業との連携を進める

企業	提携する日本企業	主なゴルフ場	都市
BRG	住友商事	キングス・アイランド	ハノイ
		レジェンド・ヒル	ハノイ
		ダナン	ダナン
		ルビー・ツリー	ハイフォン
ヒムラム	イオン	ロンビエン	ハノイ
		タンソンニャット	ホーチミン市
FLC	アコーディア・ゴルフ	サムソンビーチ	サムソン（タインホア省）
		クイニョン	クイニョン（ビンディン省）
		ハロンベイ	ハロン（クアンニン省）

（注）提携は主な企業。2020年1月時点

ベトナムのゴルフ場では、周囲の農家の若い女性がアルバイトでキャディーをすることが多い。タイ、カンボジアなどに比べてライン読み、礼儀作法などレベルが高いという印象がある（ハノイ、右が筆者）

ニクラウス氏が率いるニクラス・デザイン社が設計したと現地紙「ザン・チ（Dan Tri）」は報道している。

ベトナム人とゴルフをすると、国民性がよく分かる。見えっ張りで、強気で、賭け事が大好き。スコア120～130程度の初級者でも平気でブルーティーでラウンドするし、とにかくパーオンを狙う。そしてミスをすると、「モリガン（いわゆるマリガン＝Mulligan。その日の最初のショットをミスした場合、無罰で打ち直す庶民に定着した非公式ルール）」と言って何回も打ち直す。グリーン上が最も熱が入る。日本円で数千円以上を賭け、現金をその場でやり取りしたりする人も多い。

ベトナムは2009年にサムスン電子がスマホの巨大工場を稼働したほか、ロッテ、CJ、LGなど韓国企業による投資が多い。そのせいかゴルフ場で韓国人をよく見かける。筆者がハノイ随一の名門ゴルフ場、バンチー（Van Tri）ゴルフコースでラウンドした際、あるメンバーから「キム・ハヌルが練習ラウンドしていた」と聞いたことがある。

ベトナムのラウンド1回の料金は1万5000～2万5000円ほどで物価水準から考えればとても高く、東南アジアでも高い部類に入る。それでも最近はベトナム人ゴルファーが急速に増えており、富裕層、中間層が急拡大していることを裏付けている。

9

ベトナム人が給料の次に重視する大事なこと

ベトナム人は転職が非常に多い。ベトナムに進出しているホンダ系の部品会社の社長は「月給が数百円高いだけで隣の工場に従業員を奪われてしまった」と嘆いていた。確かにベトナム人はお金にシビアで、他人も含めて給料を気にする。しかし、仕事を決める上でもう一つ重視することがある。働く場所だ。

ベトナム人、特にホワイトカラー（事務系のエリート層）は会社のブランドよりも、勤務地を重視する傾向があるように思える。例えばハノイのホアンキエム区は日本で言えば大手町や霞が関のようなところ。ベトナム財政省、オペラハウス、日本貿易振興機構（JETRO）、国際協力機構（JICA）、三菱商事など日越の有力組織、企業が集積する。日経新聞のハノイ支局もここにある。

ベトナム人は「どこの企業で働いている」というよりも「どこの場所で働いている」

ベトナム財政省、JICAなど日越の有力組織、企業が集積するホアンキエム区

という言い方をする人が多いようで、同地区で働いていると日本で言う「一部上場企業勤務」のような印象を相手に与えることができる。

2014年、ハノイ西部にロッテが建設した65階建ての高層ビル「ロッテセンターハノイ」が竣工したとき、ロッテの営業担当者から熱心な営業攻勢を受け、支局の移転を検討したことがある。そのとき、あるベトナム人に「今の場所のほうが優秀な人が採れる」と助言され、思いとどまった。

家賃相場は高いのだが、続々と

企業集積は進んでいるように感じる。グエン・スアン・フック首相の親族が経営しているとされる小売店、グエン・タン・ズン前首相の親族が関与しているとされる金融会社など、政治家の影を感じる企業も目立った。

ベトナム人は故郷への愛着もとても強いので、転勤を言い渡すとやめてしまうことも多い。ある日系のマンション管理会社の社長は「使えない従業員にやめてほしかったので、転勤を言い渡した」と話していた。パワハラに当たる可能性もあるので注意が必要だが、やめさせたくない人は勤務地の意向をよく聞き、さほど重視していない人は意向を軽視するといった人事管理もベトナムでは有効かもしれない。

10

飲酒大国ベトナム、2020年から規制が〝イッキ〟に厳しく

ベトナムでは2020年1月1日から、飲酒運転の厳罰化などを柱とするアルコール被害防止法が施行された。同国では2019年6月以降、同法の議論が進んでいた。当初はテレビやラジオでの酒類の夜間広告の禁止など、小幅な規制強化にとどまるとの観測もあったが、飲酒運転による死亡事故の増加などを受けて厳しくなった。

最大のポイントは飲酒運転の厳罰化だ。これまでは少量のビールではお目こぼしするケースがあるなど緩い部分もあったが、新法では一切の飲酒運転を禁止した。アルコールの検査機器が厳密すぎて、ライチ、ドリアンなど発酵しやすい果物や咳止めシロップでも陽性反応が出てしまうほどといわれている。

しかも、罰金は自動車の場合で最大4000万ドン（約19万円）と従来の2倍以上に高額になった。平均月収が3万円、4万円程度のベトナムにとって庶民感覚ではあり得

2018年の国別ビール消費量

順位	国	総消費量（万kℓ）	前年比増加率（%）
①	中国	3936.2	−2
②	米国	2402.9	−0.4
③	ブラジル	1266.2	0.8
④	メキシコ	898.2	5.3
⑤	ドイツ	832.1	1.3
⑥	ロシア	781.9	−2.4
⑦	日本	510.8	−0.1
⑧	英国	485.6	5.7
⑨	ベトナム	466.7	7.1
⑩	スペイン	405.1	0

（出所）キリンホールディングス

ない高額な罰金だ。バイクでは最大800万ドン（約3万8000円）、自転車でも最大60万ドン（約2900円）と厳しい。

加えて、他人への飲酒強要・勧誘も禁止となった。日本同様、「一気飲み」を強要したり、ベロベロになるまで酒を勧めたりする文化があるだけに、ベトナム国民には驚きをもって受け止められた。

世界保健機関（WHO）によると、ベトナム国民（15歳以上）1人当たりの年間アルコール消費量は2005年の3・9リットルから、2016年に2倍超の8・3

ベトナム産のワインも増えてきた（ダラット産のワインを製造販売するベトナム企業）

リットルに増えた。世界平均は健康志向、若者のアルコール離れを受けて横ばい傾向で、2016年に6・4リットルとベトナムを大きく下回る。

キリンホールディングスの調査でも、2018年のベトナムのビール消費量は、前年比7・1%増の466万7000キロリットルと世界9位。国別順位は前年と同じながら、伸び率は上位10カ国中最大の伸びだった。

11

中国マネーで潤うカンボジア経済

200万人近くが虐殺された「クメール・ルージュ（赤いクメール）」の悲劇はカンボジアに大きな傷を残した。その指導者だったポル・ポト氏も1998年に死去し、「ポル・ポト派」の幹部らも失脚したり、裁判にかけられたりして、カンボジアは2000年代以降、経済成長へと歩み始めた。

世界銀行によると、カンボジアへの海外直接投資（Foreign Direct Investment＝FDI）は2010年には約14億ドル（約1540億円）と2000年の約12倍に急増した。その原動力といわれているのが中国だ。国別の詳細なデータはないが、「Nikkei Asian Review」の報道によると、2013～2017年に中国がカンボジアに投じたFDIは約53億ドル。年平均で10億ドルの中国マネーがカンボジアの開発に投じられた。

カンボジアへの直接投資額は中国のおかげで急増

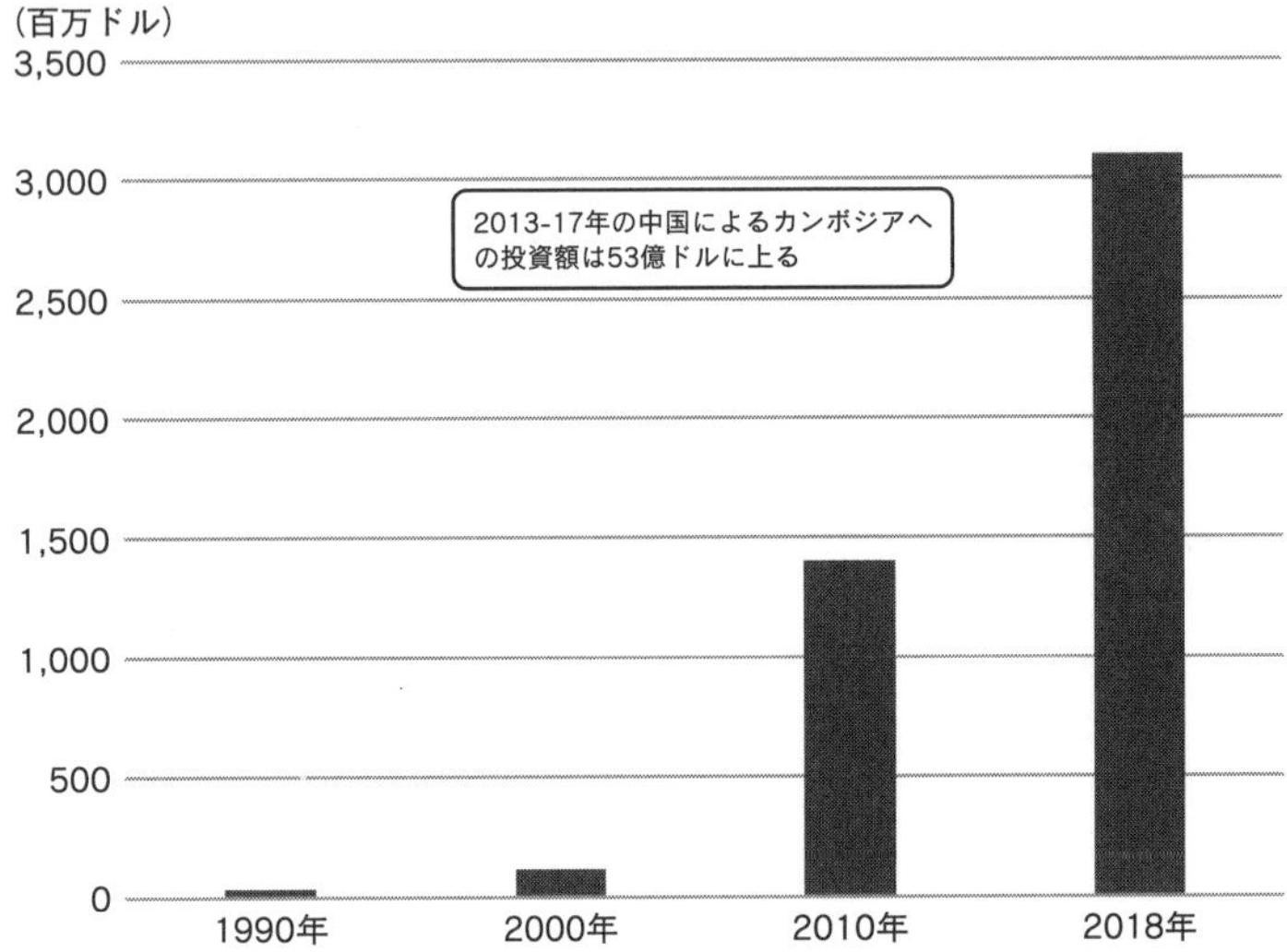

(出所) 世界銀行。中国の投資額はNikkei Asian Review

２０１０年代以降、カンボジアの中国傾斜には拍車が掛かった。２０００年代初めにプノンペンに開業した巨大カジノ、ナガワールドを手がけるのは華僑系とされるナガコープで、中国からの投資マネー、中国からの観光客が大量に流入した。２０１６年には同施設の地下に巨大なショッピングモールもでき、近接地に第2のカジノ「ナガ2」も開業した。

カンボジアが中国に傾斜したことには中国側の思惑も大きい。中国は広域経済圏構想「一帯一路」を進めており、カンボジアはその

最大野党を強引に解党し、2018年の総選挙で大勝したフン・セン首相（プノンペン）

通り道となる。さらに、南シナ海でベトナム、フィリピンなどと領有権を争う中国にとって、カンボジアを「味方」として取り込み、東南アジア諸国連合（ＡＳＥＡＮ）の一枚岩に楔《くさび》を打ち込みたいとの狙いもあった。

２０１６年、ＡＳＥＡＮ外相会議では南シナ海での中国の主張を否定した仲裁裁判所の判決について共同声明で言及するようにフィリピンが求めたのに対し、カンボジアは猛反対。結局、言及されなかった。

フン・セン首相は在任から30年以上が経ち、２０１８年の総選挙では独裁体制に対する批判も強かった。にもかかわらず、対立する野党救国党（Cambodia National Rescue Party＝ＣＮＲＰ）を強引に解党させ、選挙を骨抜きにした。国際社会の批判も大きかったが、フン・セン氏は中国の後ろ盾で乗り切った格好だ。

首都プノンペン、南部の観光都市シアヌークビルなどでは中国と見紛うほど中国人、漢字の看板が目立つ。人民元の両替所も多い。カンボジア国民の中には危機感を持っている人も多いが、縫製業以外の主要産業がほとんどないカンボジアにとって中国マネーは必要不可欠。痛し痒しの状態は当面続きそうな気配だ。

12

世界一の日本産牛肉輸入国カンボジア

世界で最も日本産牛肉を輸入している国はどこか？　この質問にカンボジアと答えられる人はまずいないだろう。財務省の貿易統計によると日本産牛肉（冷凍、冷蔵の合計）の最大の輸出先はカンボジアで、２０１８年度に約８８０トンが輸出された。王座だった香港を上回った。２０１９年度も４〜翌１月実績で香港を４割近く上回っており、２年連続で世界一の日本産牛肉の輸入国となることが確実だ。

しかし、カンボジア人の多くは日本人以上にこの事実を知らない。筆者が２０１８年に現地を取材したとき、カンボジア家畜飼養家連盟のリー・ラビル会長は「そんなに多くの量が輸入されていることは知らなかった」と驚いていた。実際、伝統的市場やスーパーに行っても、あるのは豪州産、ニュージーランド産、カンボジア産ばかりだった。では日本産牛肉はどこへ行ったのか？　そのヒントは２００１年に日本で起きたＢＳ

カンボジアは世界一の日本産牛肉輸入国

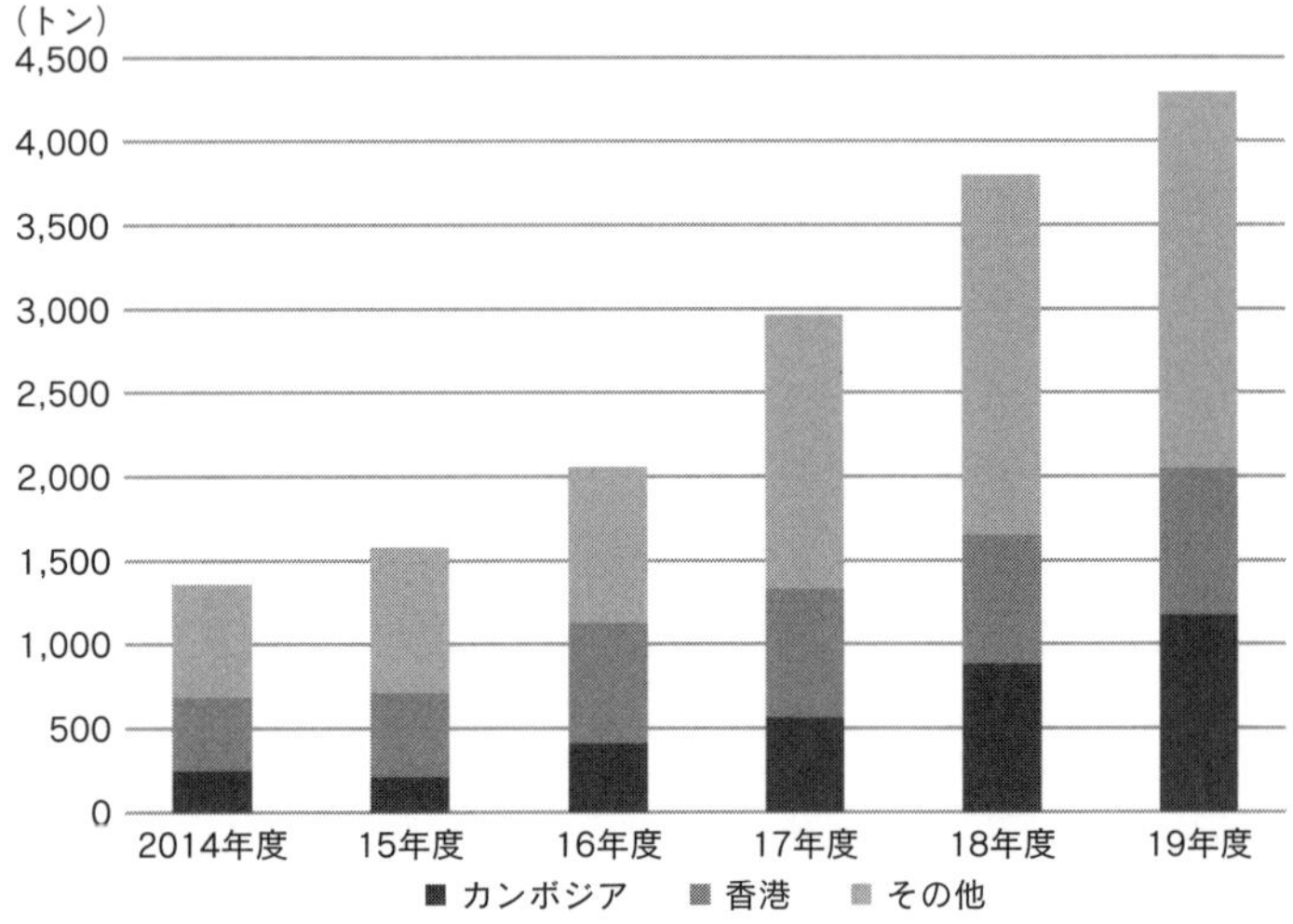

（出所）財務省「貿易統計」。19年度は4月～翌1月の実績を年換算

Ｅ（牛海綿状脳症、狂牛病）にある。中国政府はこの後、日本産牛肉の輸入を禁止した。同じようにＢＳＥが発生した米国からの輸入も禁止したが、２０１７年６月に禁輸を解除した。

２０１９年12月、日中両政府は日本産牛肉の中国への輸出を一部解禁することで合意した。「月齢30カ月以下の骨なし牛肉」と条件を付けたものの、２０２０年中にも輸出が再開される見通しだ。

ただ、20年近くの間、中国人は日本産牛肉を表立って中国で食べることはできなかった。

2015年前後から訪日観光客は急増し、霜降りの日本産牛肉のおいしさを知った中国人がどんどん増えたにもかかわらず、である。そこでどうしたかというと、闇ルートで調達したわけだ。スーツケースなどでちまちまと運んでいたのでは中国人の旺盛な胃袋は満たせない。規制が比較的緩く、政治的に近く、地理的にも日中両国から遠くない――。この条件を満たす最高の国はカンボジアだった。

取材したある日系商社の幹部は「カンボジアから中国に日本産牛肉が流れていることは公然の秘密だ」と話していた。

これはあくまでも仮説に過ぎず、立証することは難しいかもしれない。しかし、これだけ多くの日本産牛肉が政府の公式統計でカンボジアに輸出されているにもかかわらず、カンボジア人の口にほとんど入っていないことは事実だ。

日本産牛肉の美味しいうまみを味わったのはカンボジアの一体誰なのだろうか？

首都プノンペンの伝統的市場では豪州産や現地産の牛肉ばかりで日本産牛肉はなかった

13

カンボジア国民に広がるマイクロファイナンスという「借金」

「マイクロファイナンス」と聞けば2006年にノーベル平和賞を受賞したムハマド・ユヌス氏が創設したバングラデシュのグラミン銀行を思い出す人が多いのではないだろうか。本来は農民ら貧困層を対象にした社会貢献の意味合いが強い融資のことを指すが、カンボジアではそうなっていない。十分な知識のない農民らが安易に借金し、担保に入れた土地を金融機関に提供せざるを得ないようなケースが相次いでいる。

カンボジア・マイクロファイナンス・アソシエーションによると、2017年のマイクロファイナンスによる貸付残高は前年比39％増の42億5651万ドル。日本のパチンコ大手、マルハンが出資する大手のサタパナの貸付分は入っていないので、実際はもっと多い。2005年は5000万ドルに過ぎなかったので、12年間で85倍に増えたことになる。2017年の利用者数で見ると、185万人。8・8人に1人がマイクロファ

カンボジアのマイクロファイナンスは急増した

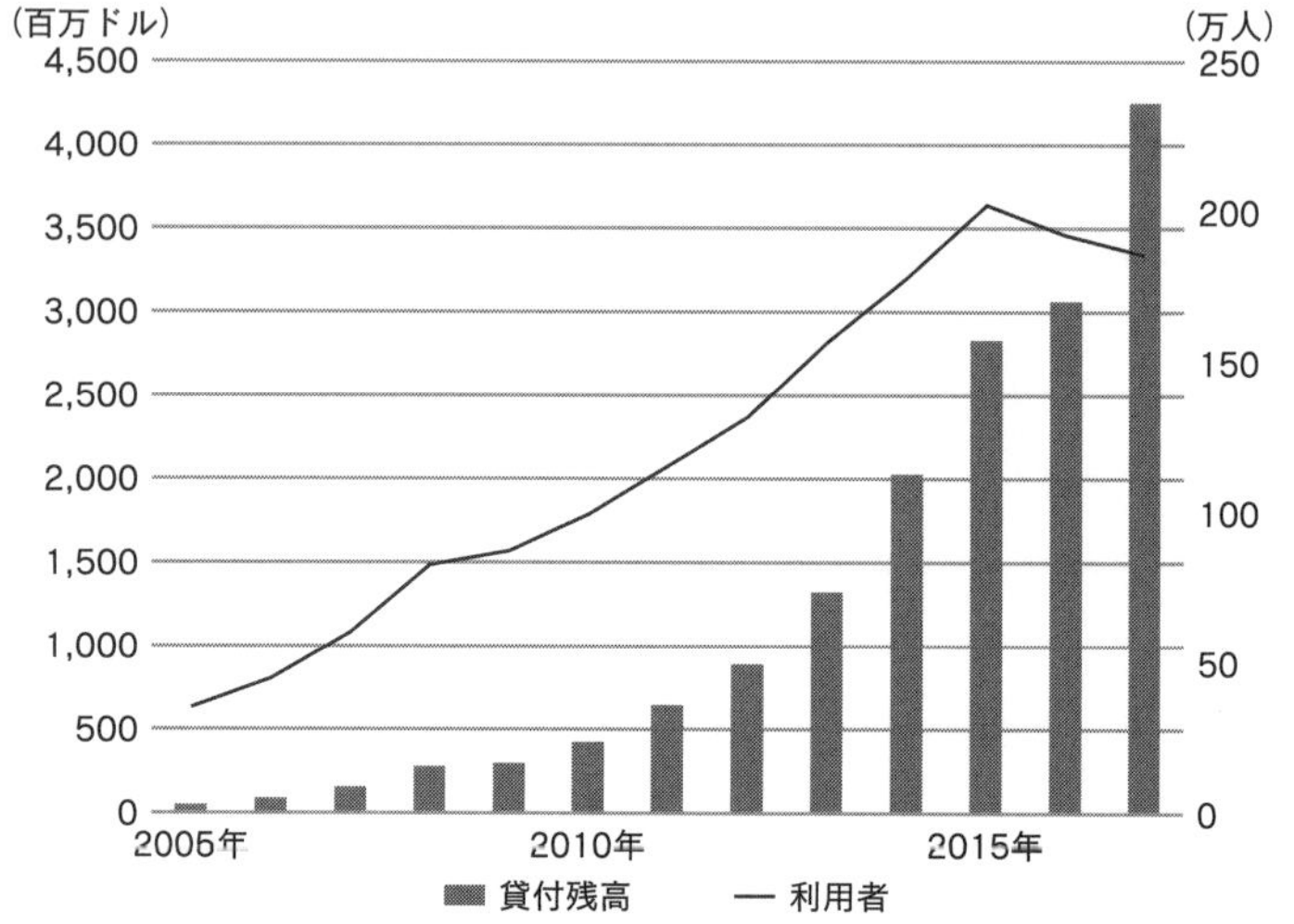

（出所）カンボジア・マイクロファイナンス・アソシエーション
2016、17年は大手のサタパナ含まず

イナンスを利用している計算になる。

プノンペンのある通りは「マイクロファイナンス通り」と揶揄《やゆ》されるほど、数多くのマイクロファイナンスが軒を連ねる。マイクロファイナンス自体が悪いわけではない。小口金融で、市民にとっては便利な現金の調達手段ではあるのだが、知識が不足している人が向こう見ずに利用してしまうのだ。カンボジア中央銀行は２０１７年、上限金利を年18％にするよう通達を出したが、「あまり守られていない」（カンボジア人ジャーナリスト）。

日本のマルハンが出資する「サタパナ」もマイクロファイナンスを手がける（2015年、プノンペンでの調印式）

カンボジアの人権団体、リカード（ＬＩＣＡＤＨＯ）は２０１９年８月、マイクロファイナンスによって土地を失ったり、人権侵害を受けたりするなど利用者は深刻な打撃を受けている、との報告を発表した。

縫製産業以外に主要な産業がなく、カンボジアは首都プノンペン以外では働き口が極端に少ない。土地を担保に入れれば大金を融資してくれるマイクロファイナンスは農民にとっては魅力的で、その誘惑に負けてしまう人も多い。大家族で共同生活をしている家庭が多いこともあり、家族の誰かが勝手に土地を担保に入れて金を借りてしまうケースもあるようだ。

14

固定電話より携帯、スマホが一気に普及

カンボジアに限らず、東南アジアの多くの国は固定電話が普及する前に携帯電話、スマホが普及した。カンボジアは2012年にようやく固定電話の普及率が4%になったかと思ったら、同じ年に携帯電話（スマートフォン含む）の普及率が100%を超えた。ベトナムやミャンマーでもそうなのだが、固定電話がない分、オフィスなどでの利用が急速に増えるうえ、格安の携帯電話が多いので貧しい農村部でも普及するためだ。携帯電話の草刈り場である東南アジア後発国の市場を押さえようと、国境を越えたキャリアのバトルが繰り広げられている。カンボジアにはベトナムのベトナム軍隊通信グループ（ベトテル）が進出し、ミャンマーにはカタールのウーレドゥーなどが進出した。

世界銀行によると、2018年のカンボジアの携帯電話普及率は119。日本が139、米国が124だから大差はない。1人当たり国内総生産（GDP）は10倍以上違う

電話は「固定」より「携帯」が急速に普及

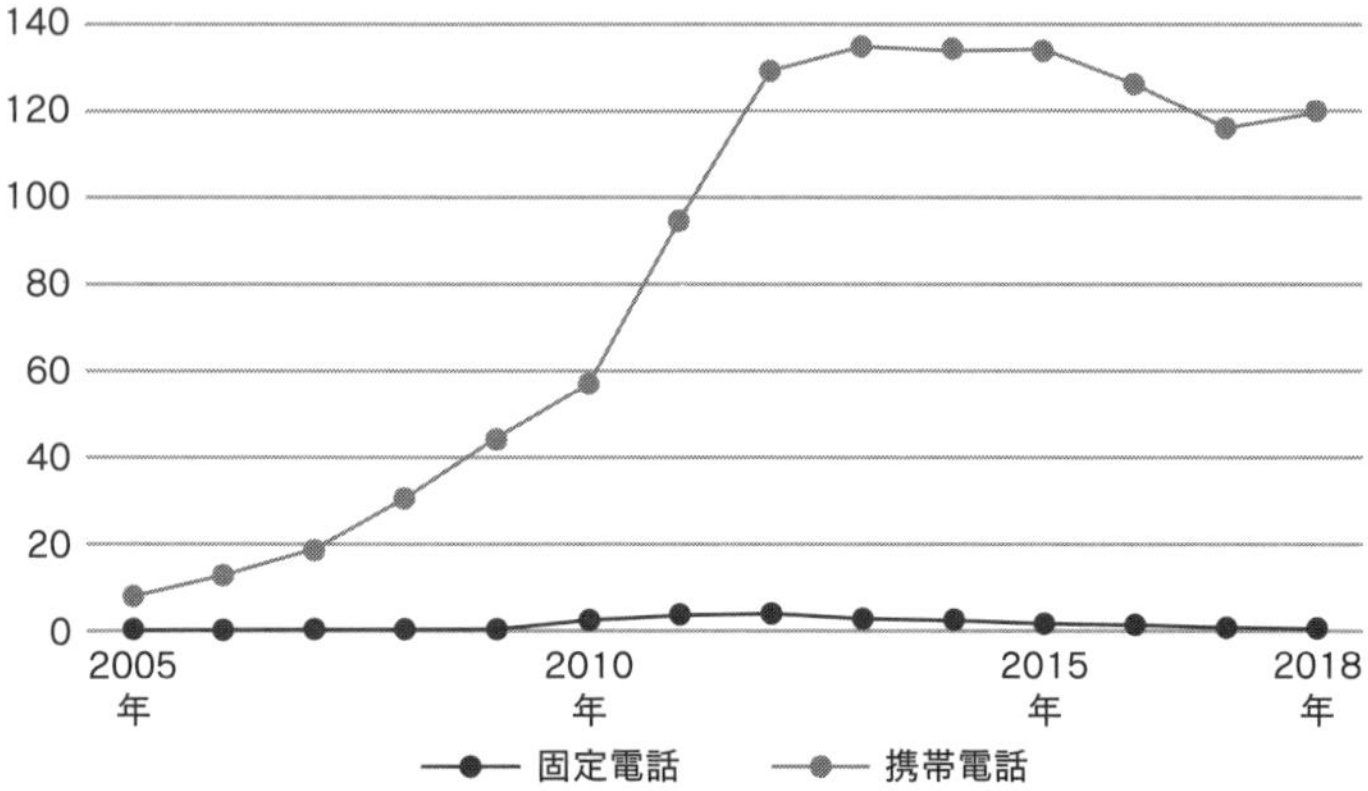

（出所）世界銀行。国民100人当たりの契約数

プノンペンではスマートフォン専門店も増えている（ベトナム資本のビッグフォン）

にもかかわらず、である。東南アジアではラオスの携帯電話普及率が52と低い。それは固定電話普及が比較的早かったからだといわれている。

カンボジアの首都プノンペンでは2台持ちの人もかなりいる。オフィシャルな用事はまず固定電話に、というような礼儀作法もなく、政府高官だろうと、選挙管理委員会だろうと、いきなり携帯電話にかけることが多い。

カンボジア人はショートメッセージもよく使うのだが、インドのサンスクリット語から由来する複雑なクメール文字に対応していない機種も多いらしく、英語で打つ人も多いらしい。最新の機種はクメール文字対応も多いようだ。

カンボジアでもガラケーからスマートフォンへの切り替えは猛スピードで進んでおり、宅配、配車、金融、SNS（交流サイト）などさまざまなアプリを使っている。1980年代〜1990年代半ばに生まれた「Y世代」より若い人はこうした変化に機敏に対応しているが、それより上の世代の人たちは変化に対応できず、ガラケーを使い続ける人もいるとか。デジタル嫌いのおじさん、おばさんがいるのは万国共通のようだ。

15

カンボジア、低い識字率と企業誘致

カンボジアの識字率は2015年時点で81％と東南アジア諸国連合（ASEAN）10カ国の中で、ミャンマーに次いで低い。ミャンマーは政府による迫害が国際的に批判されているイスラム系の「ロヒンギャ」をはじめ、約135の少数民族がいるとされ、母国語の識字率が低いのはある程度仕方ない。しかし、カンボジアは9割近くがクメール人で少数民族は少ない。にもかかわらず、ネットが普及した現代社会において8割程度しか字を読めないのである。

第1の理由は文字が難しいこと。東南アジアの言葉は大きく3つに分かれる。①インドのサンスクリット語を文字として採用したもの、②マレー語系、③中国語系。文字の難しさはカンボジアのクメール文字が断トツで難しく、米アップルのアイフォンは当初クメール文字に対応できなかった。サンスクリット語は「梵語」ともいわれ、仏教とと

少数民族が少ないにもかかわらず、カンボジアの識字率は低い

	識字率	調査時点
ミャンマー	76	2016年
カンボジア	81	2015年
ラオス	85	2015年
タイ	93	2015年
マレーシア	94	2016年
ベトナム	95	2018年
インドネシア	96	2018年
シンガポール	97	2018年
ブルネイ	97	2018年
フィリピン	98	2015年

（出所）世界銀行

もにアジアに広まった。

第2はクメール・ルージュ（赤いクメール、ポル・ポト派）の約200万人の大虐殺のせいで教育システムが破綻し、きちんとした教育が行われてこなかったことがある。国連主導で新憲法を制定し、議会制民主主義となったのは1993年。中国マネーのおかげで経済が安定してきたのは2010年以降だ。

私が2017年に取材したカンボジア最大の外資企業で、ベアリングやスマートフォンのバックライト（背面から液晶画面を照らす携帯

東南アジアの公用語と起源はさまざま

国	公用語	起源
ミャンマー	ビルマ語	文字はインド（文法や単語はさまざま）
カンボジア	クメール語	
ラオス	ラオス語	
タイ	タイ語	
マレーシア	マレー語	マレー語
ブルネイ		
インドネシア	インドネシア語	
シンガポール	英語、中国語、マレー語、タミル語	—
フィリピン	英語、フィリピン語	フィリピン語はタガログ語
ベトナム	ベトナム語	中国語

端末に不可欠な装置）などを製造するミネベアミツミの工場では、カンボジア人に対してクメール語の授業が行われていた。地方出身の工員が多く、クメール語を話せても読み書きができない人が多いためだ。

フィリピンはかつて「バイバイン」といわれる文字を使い、ベトナムは漢字を組み合わせた字喃（チューノム）文字を使い、言語を表現していたが、ベトナムはフランス統治下の19世紀、フィリピンは１９８０年代にラテン文字（アルファベット）を元にした現在の形

カンボジアのミネベアミツミの工場ではカンボジア人に対してクメール語の授業を行っていた

に変えた。両国はここ数年7％前後の経済成長を続け、東南アジアトップの座を争っている。

一方で、カンボジアは中国マネーと欧州の税優遇制度（EBA＝Everything but Arms、武器以外は無税）を利用した輸出に依存し、国内産業はなかなか育たない。

シンガポールの建国の父、リー・クアンユーが英語を公用語にしなかったら、今のシンガポールの発展はなかった。言語は経済発展にとって極めて重要な要素となることをカンボジアは悪い意味で証明している。

16

タイで急速に進む高齢化

東南アジアは若いイメージがあるが、高齢化も進んできている。最も顕著なのがタイだ。1960年代から日本企業が進出し、東南アジアの生産拠点としての地位を固めたASEANの優等生だ。

世界銀行によると、2018年時点の65歳以上の国民の割合は12％と東南アジアで最も高い。高齢化が深刻といわれてきたシンガポールを抜いた。米中央情報局（CIA）調査による、タイの出生率（1人の女性が一生に産む子供の数）も1・52人とシンガポールに次いで少なく、日本（1・42人）と変わらない。

経済成長で女性の社会進出が進み、結婚しない若者が増えたほか、医療制度が整い平均寿命が延びたことが影響している。タイ政府も危機感を持っており、公務員の定年の年齢を現在の60歳から引き上げる方針を固めている。タイ中央銀行によると、2020

タイで高齢化が急速に進んでいる

	高齢化率、%（65歳以上の割合）	出生率、人
カンボジア	5	2.47
タイ	12	1.52
インドネシア	6	2.08
マレーシア	7	2.48
ベトナム	7	1.79
ブルネイ	5	1.77
フィリピン	5	2.99
ミャンマー	6	データなし
ラオス	4	2.65
シンガポール	11	0.84
日本	28	1.42
世界平均	9	2.42

（出所）高齢化率は世界銀行、2018年時点
出生率は米中央情報局（CIA）、2018年時点

年代に労働力人口の減少が顕著になる見通しで、国内総生産（GDP）を年率で1・5％低下させる要因となるという。

タイでは高齢化の先輩である日本から学ぼうと、日本式介護を取り入れる動きが広がっている。日本の介護会社、リエイ（千葉県浦安市）は2016年にバンコクに入居型介護施設を開設するなど、タイに日本式介護を広めたパイオニアだ。訪問介護事業や、地元大手財閥サハ・グループと組んで介護士の育成もしていた。

現在はまだ若いベトナムやカン

ASEANの優等生として経済成長したタイだが、高齢化が急速に進む（バンコク）

ボジアも他人事ではない。2019年から始まった新しい在留資格「特定技能」では介護分野が認められており、通算5年間、日本の介護施設などで就労しながら経験を積むことができる。介護ノウハウを学び、母国に持ち帰れば高いレベルの介護を広めることも可能となる。

「高齢の親は子供が面倒を見るもの」という意識を持った人は東南アジアに多く、介護施設に入れることに抵抗を持つ人はまだ多い。核家族化、過去の慣習にとらわれない若い世代の増加に伴い、これからは介護施設を利用する人たちが増えるとみられる。

17

水力発電大国ラオス

ラオスは山あいの国土が多いうえ、中国からベトナムまで6カ国約4000キロメートルを流れるメコン川が縦貫していることもあり、水力発電が盛んだ。水力発電所は60カ所以上あり、2015年時点の総発電容量583万キロワットのうち、水力発電の割合は67%に上る。タイやベトナムなど海外にも電気を輸出しており、ラオスの主要産業と言ってもいいほどだ。2030年までに200カ所が新設される計画があり、そのほとんどを中国などの民間企業が担う。

日本の関西電力も同国の水力発電に参画した。2019年9月、最大出力約30万キロワットの大型水力発電所「ナムニアップ1発電所」を稼働した。総事業費は数百億円。日本の電力会社がこれだけの規模の水力発電を開発するのは初めてとされ、同社が1963年、約170人の殉職者を出す難工事を乗り越えて完成させた富山県の「黒四ダム」

ラオスは水力発電が7割近くを占める

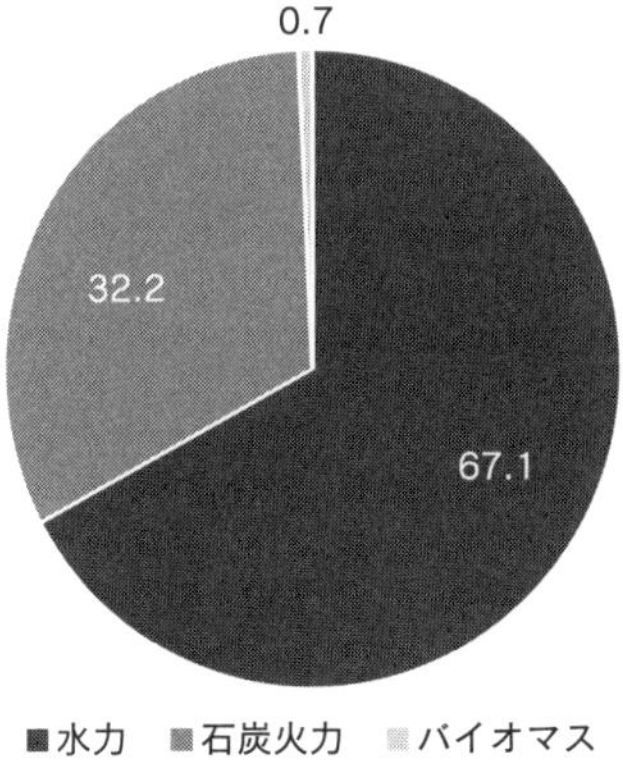

（出所）EDL（ラオス電力）などの資料を元に、JICA専門家
電力政策アドバイザー新村隆之氏が作成

（最大出力約29万キロワット）になぞらえ、「第二の〝くろよん〟」と呼んでいる。27年間売電した後、ラオスに施設を譲渡する。

ラオスは人口が７００万人に満たず、企業進出もさほど多くない。電力需要は伸びないので、いまのペースで水力発電所が増えると大幅に余ってしまう。隣国ベトナムは経済成長が著しく慢性的に電気が足りない状況だ。慌てて石炭火力発電所を増設しようとしているが、地球温暖化の原因になるとして批判を浴びることも多い。小泉進次郎環境大臣も２０２０年１月

24日、ベトナムで予定している石炭火力発電所の建設計画について「(輸出に関する)4要件を土俵に上げて議論をしていきたい」と話し、計画の再検討の必要性を訴えた。ベトナムに余剰電力を売電することがラオスにとっては最善の道となるだろう。

中国の広域経済圏構想「一帯一路」のルート上にあるラオスは、カンボジアと並んで政治的に中国傾斜が進んでいる。水力発電所を中国企業が手がければ手がけるほど、中国に支払うお金が増えることとなり、経済的依存が強まる。それは政治的な依存につながる可能性もある。

18

シンガポール、人材不足に拍車を掛ける外国人の雇用規制

シンガポールは人口わずか５００万人の小国ながら、地元紙シンガポール・デモクラッツによると外国人労働者が１３０万人もいる。少子高齢化が急速に進み、労働者が不足するなか、外食、小売業などエリート層がやりたがらない仕事を外国人労働者が担う構造だった。しかし、事実上の移民のような外国人労働者の増加に対する国民の不満が高まり、規制強化の動きが強まってきた。

シンガポール政府は、サービス業の外国人労働者の比率を40％までとする上限規制を設けてきた。これを２０２０年１月までに38％に引き下げ、２０２１年１月には35％とさらに引き下げる。政府は「外国人への依存度を下げ、生産性向上を狙う」としている。

エリート教育が盛んなシンガポールでは、ブルーワーカー的な仕事に就くことへの親の反発も強いといい、人手不足は従来以上に大変だ。日本経済新聞によると、ある日系

シンガポールのサービス産業における
外国人労働者の上限比率

	外国人	国民
2019年末まで	40	60
2020年1月から	38	62
2021年1月から	35	65

シンガポールでは少子高齢化が進み、外食、小売業などで外国人労働者が欠かせない

外食チェーンは2019年6月から7月にかけ例年の10倍の予算をかけてフリーペーパーに求人広告を出した。マレー系人材を確保するために、店舗をイスラム教の戒律に沿ったハラル対応にする工夫も始めたそうだ。

私がハノイ駐在時代（2014～2018年）にシンガポールに出張したときは、コンビニエンスストアや外食店はインド系とみられる従業員が多かった。シンガポール・デモクラッツによると、中国本土からの出稼ぎ労働者が最近は増えているのだという。

日本の技能実習制度、新しい在留資格の「特定技能」は労働力不足を補うことが狙いだ。最も増加が著しいベトナム人の在留者は40万人に迫り、ベトナム人が引き起こす犯罪が社会問題化しつつある。外国人労働者がいなければ人手不足で困るのに、外国人労働者が増えると、必ず排斥運動が起きるもの。シンガポールが直面している〝痛し痒し〟の問題は近い将来、日本でも起きる可能性が高い。

19

東南アジアの〝交通地獄〟

東南アジアでは、道路がきちんと整備されていないところに自動車やバイクが急増して、慢性的な渋滞を引き起こしている都市が多い。タイのバンコク、ベトナムのハノイとホーチミン市、インドネシアのジャカルタが代表だろう。各国の交通事故死者数を見ると、総数は人口が多いインドネシアが2万6416人とずばぬけており、タイの1万3650人が続く。10万人当たりの死亡者数を見ると、タイが36・2人で日本の約8倍、ベトナムが24・5人で約5倍だ。

渋滞が世界最悪級にひどいと思われるのがジャカルタだ。渋滞の理由はそもそもの道の作り方が悪いこと。市中心部を環状に結ぶ道路など幹線道路に交差点、Uターン用のレーンがなく、すぐ近くなのに何キロメートルも先まで行かなければならなかったりする。Uターン待ちで車線が埋まってしまうこともある。植民地時代のオランダのせいな

東南アジアは交通事故による死亡者が多い

	死亡者計	10万人当たり推定死亡者数
シンガポール	159	3.6
日本	5,679	4.7
フィリピン	1,469	10.5
ラオス	908	14.3
インドネシア	26,416	15.3
カンボジア	1,950	17.4
ミャンマー	3,612	20.3
マレーシア	6,915	24.0
ベトナム	9,845	24.5
タイ	13,650	36.2

（出所）WHOのGlobal status report on road safety 2015

のかは不明だが、遷都など根本的な解決策がなければ渋滞は解消しないだろう。

バンコクも事情は同じ。幹線道路沿いに魚の骨のように小道（ソイ）が枝分かれする構造で、自動車やバイクが幹線道路に集積してしまう。

ベトナムの場合は道が狭いことに加え、バイクが多すぎる。そしてフランスの統治の影響から信号が少ない。交差点はロータリーで回転しながら曲がるところが多い。加えて、国民性で交通ルールを守らないので事故が絶えない。

ベトナムは4000万台のバイクが普及しているとされ、年間30万台のペースで自動車が増えている（ハノイ）

各国とも公共交通機関を整備したり、罰則規定を強化したりして交通事故を減らそうと努力している。バンコクは公共交通機関BTSのおかげで渋滞が多少マシになったが、中心部だけ。ベトナムは必死に都市交通を作っているが、開業しても恐らくベトナム人はあまり利用しないと思われる。バイクに慣れてしまい、駅からの数百メートルを歩きたくないからだ。インドネシアは電車や自転車レーンなど対策をしているが、焼け石に水だ。

カギは教育とＩＴ（情報技術）

ではないか、と私は考えている。そもそもの交通ルールの教育を小学校から実施し、スマートフォンなど情報機器を使って走行する道路に課金するロードプライシングなどを導入する。小型車、電気自動車など環境に優しく渋滞緩和につながる車は減税、補助金などで優遇して数を増やす。

日本も1960年代前後の交通戦争といわれた時期を歩道・信号の徹底整備、交通安全教育などによって克服していった。東南アジアはまさに今、交通戦争のさなかにある。それを乗り切るのはちょっとの工夫と知恵である。

20

スタートアップ大国インドネシア

経済の牽引役であるスタートアップ企業（ITなど技術を活用した新興企業）は、東南アジアではインドネシアが圧倒的に多い。ウェブサイトの「Ｓｔａｒｔｕｐ Ｒａｎｋｉｎｇ」によると、２０２０年1月下旬時点で２２００社以上あり、2位のシンガポールと比べても約3倍だ。ユニコーン（企業価値10億ドル以上の未上場企業）と呼ばれる企業も多く、配車のゴジェック、ネット通販トコペディアとブカラパック、旅行予約のトラベロカなどが代表例だ。

なぜインドネシアにスタートアップが多いかというと、まず人口が多い。東南アジア最大、世界でも4位の約2億７０００万人の人口を持っていること。スマートフォンが普及すれば離島が多いデメリットも克服でき、ビジネスチャンスは人の数に比例して大きくなる。

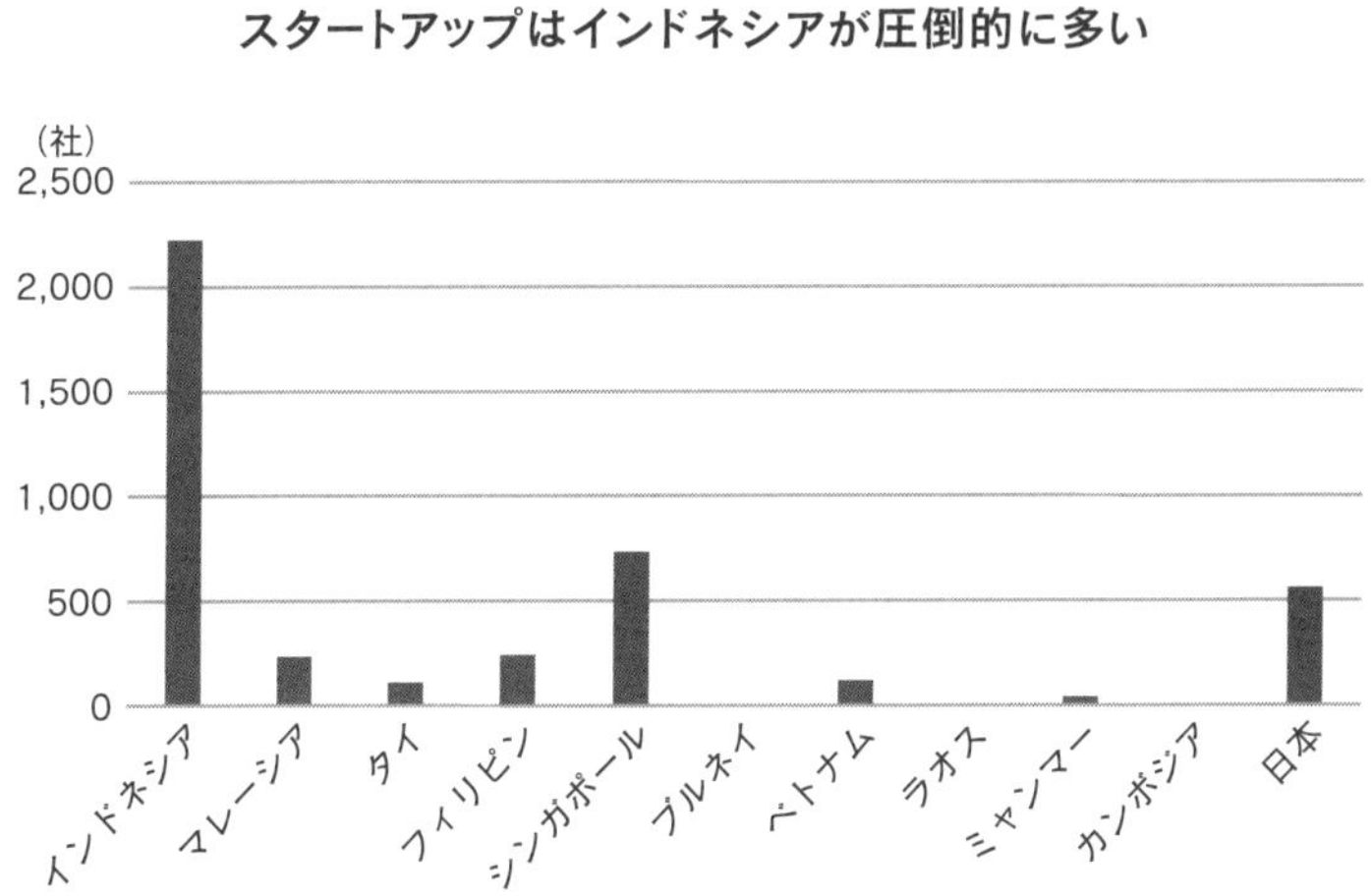

（出所）Startup Ranking、2020年1月時点

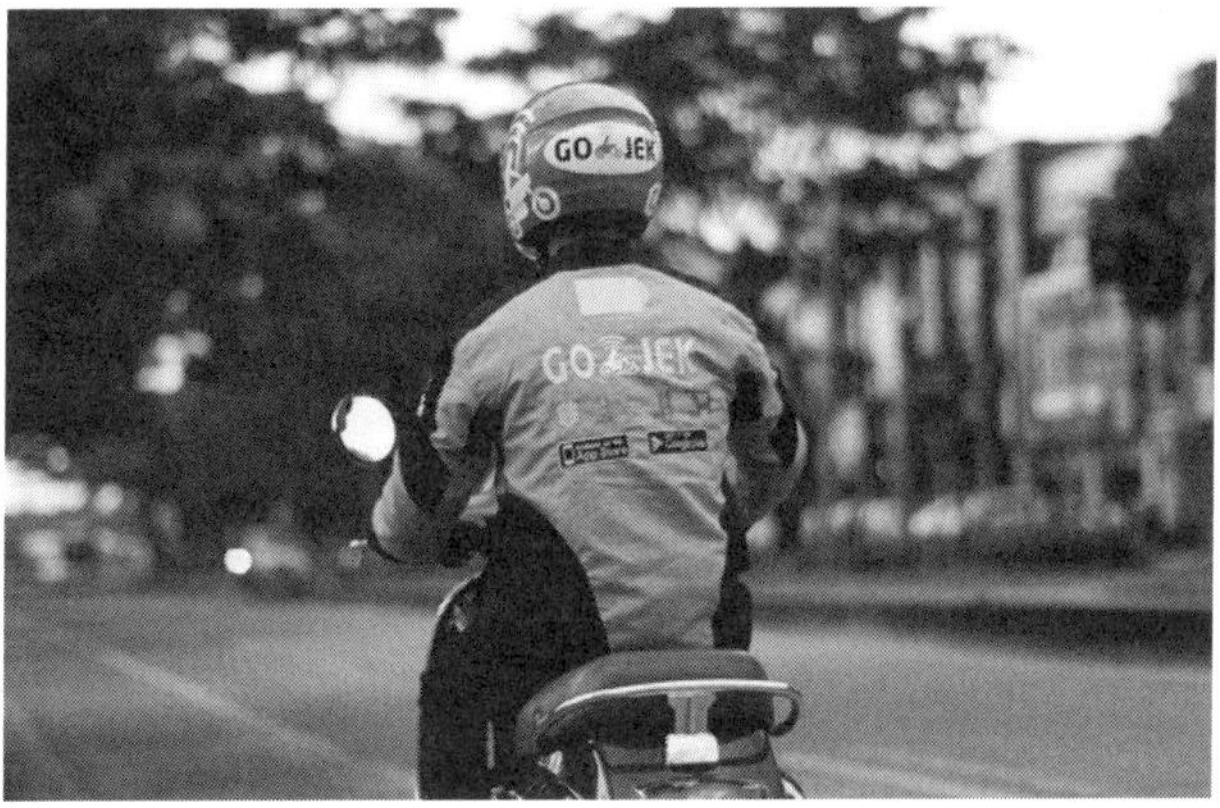

ゴジェックは配車のみならず、スマートフォンを活用した決済、宅配など「スーパーアプリ」としてサービスを拡大している（同社ウェブサイトから）

次に経済大国シンガポールとの結びつきが強いこと。ともに華人（中国系の現地人）が経済を牛耳っている。シンガポールはカネと技術はあっても、人口が少ないというデメリットがあり、インドネシアはそれを補ってくれる。

シンガポールも配車のグラブ、ネット通販のラザダなどユニコーンは育っているが、ほかの国での事業展開をテコに規模を拡大している。インドネシアは一国だけで十分に事業規模を拡大できる。

第3に社会問題が多いこと。世界最悪といわれるジャカルタの交通渋滞、約1万4000もの島からなる島国であることなどほかの国に比べてハンデが多い分、ITやテクノロジーで克服できる余地も大きい。

英語が公用語のシンガポールとフィリピン、数学的思考に優れITが得意なベトナムもスタートアップは急増しており、語学とITスキルが起業の追い風となっていることが分かる。

ゴジェックが2018年にベトナムに進出したり、グラブも同年、米ウーバーテクノロジーズの東南アジア事業を買収したりするなどスタートアップの競争にもはや国境は関係なくなってきている。プラットフォームとなるスマートフォンとネット環境さえあれば、さまざまなＩＴサービスは展開できる。東南アジア6億人の争奪戦は激化しそうだ。

付録

新興国の経済成長と日本の高度経済成長期との比較

株式会社クリード

以下のデータは、日本の高度成長時代とアジア各国を比較し、日本からみたアジア各国のマーケット状況を、立体的に考察することを目的としたものである。アジア各国の不動産マーケットの今後を、その各国間の過去のデータやイベントを分析し、それらを比較することで予想していく。

ここでは「高度成長」を１人当たりGDPがUSD（米ドル）約400〜4,000に成長する間と定義する（日本では約18年間で達成）。１人当たりGDPだけでは、インフレ要因や為替要因の影響が大きすぎるため、平均年齢（厳密には中央年齢とは違うがここでは区別しない）をもう一つの重要数値として参考にする。各々の国については、住宅価格インデックスなどの過去から一貫したデータがないため、住宅供給戸数を住宅マーケットの好不況を参照するデータとし、為替レートやその他の指標も参考にする。

今回比較した、インドネシア・タイ・フィリピン・ベトナム・カンボジアの５カ国が高度経済成長期の日本と同数値を満たすには、日本よりおおむね２倍以上の年月を要すると考えられる。

日本でマンションブームの要因となったのは、区分所有法の制定など法整備が進んだことや、住宅ローンが機能したことである。しかし、今回比較した新興国においては、法整備は内需というよりは、外需に対して影響を及ぼしたと考えられる。インドネシア・タイ・フィリピンでは、コンドミニアム法が制定された頃は経済規模が小さかったため、内需に対しての大型供給には結びついていないように考えられる。同様に、住宅ローンも経済規模が小さい段階では、

	経済規模・GDP (10億USD)2018年	1人当たりGDP (USD)2018年	経済成長率(%) 16年/17年/18年	平均年齢 2018年	人口(百万人) 2018年	人口増加率(%) 2014年−18年の平均
日本	4,971	39,290	0.6/1.9/0.7	47.7	126	−0.1
インドネシア	1,042	3,893	5.0/5.0/5.1	28.8	267	1.2
タイ	504	7,273	3.3/4.0/4.1	38.3	69	0.3
フィリピン	330	3,102	6.8/6.6/6.2	24.4	106	1.5
ベトナム	245	2,566	6.2/6.8/7.0	30.9	95	1
カンボジア	24	1,510	7.0/7.0/7.5	24.3	16	1.5

(出所) World Bank、World metersを基にCreed作成

大型供給の要因になっていないが、1人当たりGDPがUSD約2,500になると大型供給に影響すると推測される。

インドネシアは、タイ同様に、日本の当時の1人当たりGDPと平均年齢を既に経験しており、平均年齢は日本での推移に最も近い。一方で、アジア通貨危機によりルピアが暴落し、経済回復に最も時間を要した。そして、住宅ローン制度は1976年に導入、コンドミニアム法は1985年に制定されたが、大型供給には影響を及ぼしていないように推測される。インドネシア政府機関によると、2015年以降、約1,200万戸の住宅供給が不足しており、現在も需要が逼迫していると考えられる。しかし、政府系住宅ローンが機能していないため、購買意欲があっても購入できないという現状がある。そのため、政府系住宅ローンの条件に乖離しすぎない新たな住宅ローンを創出できれば、大型供給が再度起こりうる。また、中間層も拡大しているため、中間層向け住宅に対するニーズが高まっている。

タイは、日本の当時の1人当たりGDPと平均年齢をすでに経験している一方で、アジア通貨危機の打撃により、経済成長には日本

の1.5倍の年月を要した。また、政府系住宅ローン制度は1953年に導入、コンドミニアム法は1979年に制定されたが、インドネシア同様に大型供給には影響を及ぼしていないように推測される。コンドミニアムの歴史が長く、成熟していることから、国民にはコンドミニアムの良し悪しを判断する鑑識眼があると考えられる。そのため、外観や内装といった目に見える部分だけでなく、構造躯体や維持管理などの目に見えない部分も手を抜かず、資産価値を維持できる物件を提供することが不可欠だと考える。

フィリピンは、1960〜1990年代にかけて、「アジアの病人」と呼ばれ、経済成長のスピードが当該5カ国の中で最も遅かった。しかし、現在の１人当たりGDPはベトナムより高く、一方で平均年齢はカンボジア同様、最も若い。国内では財閥が時価総額の大半を占め、大地主などの一部の富裕層が富を独占していることから、中間層ほとんどがおらず、富裕層と貧困層しか存在していないともいえる。また、SHDA（Subdivision and Housing Developers Association、フィリピンの不動産業界団体）によると、低所得者向け住宅が2021〜2030年の間で約600万戸不足するといわれており、インドネシア同様に需要が逼迫している。インドネシアとの決定的な違いは、政府系住宅ローンが機能しているため、低所得者向け住宅の供給を消化できることだろう。

ベトナムは、平均年齢のみ当時の日本と同数値を経験している。一方で、経済は成長途上にあり、１人当たりGDPは当該5カ国の中では、インドネシアに次いで日本の推移に近似しており、約４年で1973年の日本に追いつくと考えられる。コンドミニアム市場は法整備や住宅ローンの利用によって拡大し、約10年が経過している。これらにより、法規制や住宅ローン規制の影響を受けなければ、約４年間はコンドミニアムブームが続くと推測される。現在、不動産

マーケットの足元は堅調で売れ行きがいいが、許認可が停滞していることで供給が減少しているため、許認可が通常のペースに戻れば、さらなるコンドミニアムブームが起こる可能性がある。

カンボジアはベトナムと比較して平均年齢の推移における差異が大きいが、1人当たりGDPの推移は近似しており、十分にポテンシャルを秘めていると考えられる。コンドミニアム市場は外国人投資家に依存しているが、内需は着実に拡大してきている。しかし、コンドミニアムに対する住宅ローンの借り入れが一般化していないため、コンドミニアムブームはまだ発生してないと推測される。1人当たりGDPが2025年にUSD約2,500に達するため、その時点で住宅ローン制度が確立していれば、内需によるコンドミニアムブームが起こる可能性が高いだろう。

GDP per capita ― 1人当たりGDP

- 日本の高度経済成長期の1人当たりGDPは、USD約400～4,000である。
- インドネシアは1988～2019年の31年で当時の日本の1人当たりGDPに達しており、タイと同程度の年月を要した。
- タイは1977～2007年の30年で当時の日本の1人当たりGDPに達しており、日本より約10年長い年月を要した。
- フィリピンは1977年以降、日本がたどってきた1人当たりGDPを追い続けており、現在は日本の1973年上半期頃に相当する。直近10年の年間増加率が平均約5.1％のため、このまま増加し続けると仮定すると、2023年頃にUSD約4,000に達する。日本と同数値を満たすのに約45年かかることから、当該5カ国の中で最も成長スピードが遅い。

各国の1人当たりGDP

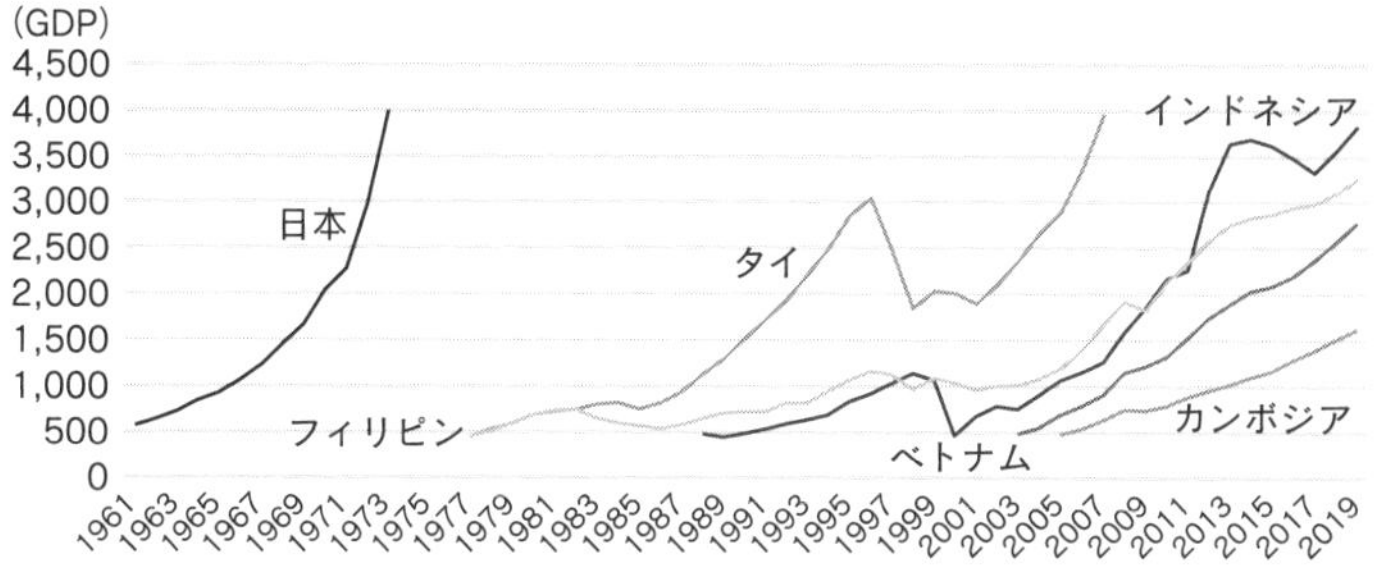

（出所）World Bankを基にCreed作成
※新興国グラフは日本の1960～1973年に相当する数値のみ記載

- ベトナムも2003年以降、日本がたどってきた１人当たりGDPを追い続けており、現在は日本の1972年頃に相当する。直近10年の年間増加率が平均約8.4％のため、このまま増加し続けると仮定すると、2024年頃にUSD約4,000に達することから、日本におけるGDPの推移に近い。
- カンボジアも2005年以降、日本がたどってきた１人当たりGDPを追い続けており、現在は日本の1968年頃に相当する。直近10年の年間増加率が平均約7.4％のため、このまま増加し続けると仮定すると、2032年頃にUSD約4,100に達することから、タイ・インドネシアと同程度の年月を要するものとみられる。

Median Age － 平均年齢

- 日本の高度経済成長期の平均年齢は、23.6～30.3歳である。
- インドネシアは1998～2019年の21年間で当時の日本の平均年齢に達しており、日本での推移に最も近い。
- タイは1980年代後半～2000年の約15年間で当時の日本の平均年

各国の平均年齢

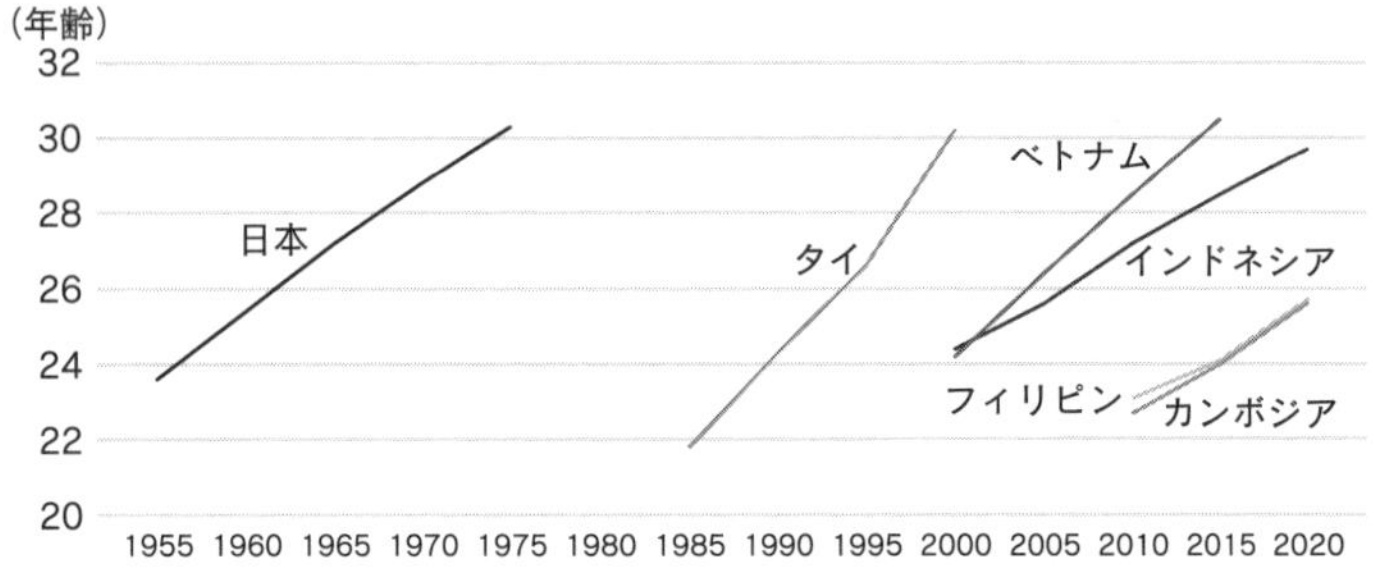

（出所）World metersを基にCreed作成
※新興国グラフは日本の1955～1975年に相当する数値のみ記載

齢に達しており、日本より高齢化の加速が約５年早かった。

- フィリピンは2010年以降、日本がたどってきた平均年齢を追い続けており、現在は日本の1960年頃に相当する。直近20年では５年毎の年齢上昇が1.3歳となっており、このまま上昇し続けると仮定すると、2032年頃に30.3歳に達するため約22年かかるとみられる。
- ベトナムは1995～2015年の20年間で当時の日本の平均年齢に達していることから、インドネシアに次いで日本での推移に近い。
- カンボジアは2010年代後半以降、日本がたどってきた平均年齢を追い続けており、現在は日本の1960年頃に相当し、フィリピンでの推移に近い。直近20年では５年毎の年齢上昇が1.7歳となっており、このまま上昇し続けると仮定すると、2035年頃に30.5歳に達するため約25年かかるとみられる。

Indonesia － インドネシア

- コンドミニアム法が制定されたのは1985年12月である。外国人

の所有権はいまだ認められておらず、外需に対して影響を及ぼしていないと考えられる。

- 住宅ローン制度は1976年12月に導入。そして、2010年に低所得者向け住宅ローン（FLPP）政策が実施された。
- 経済成長の途上にあった1997年には、総選挙後の需要喚起もあり、上半期に供給戸数が伸びた。しかし、アジア通貨危機発生後、ルピア為替相場は変動相場制に移行し、スハルト政権崩壊後の政治社会情勢混乱の中で、相場は短期間で7分の1にまで暴落した。1998年以降は供給戸数が激減し、アジア通貨危機以前の供給量まで回復するのに10年を要した。
- インドネシア経済がリーマン・ショック後にマイナス成長へ転落しなかった最大の理由は、輸出依存度が低かったからである。それは裏返せば、インドネシアが周辺諸国に比べて輸出向け製造拠点としての魅力に乏しかったため、輸出型外資企業進出があまり進まず、輸出が拡大していなかったということでもある（三菱UFJリサーチ＆コンサルティング「インドネシア経済の現状と今後の展望～復活する東南アジア最大の新興国～」参照）。
- コンドミニアムの大型供給は2012年だと考えられる。
- 2012年の供給拡大の要因としては、ルピア為替相場の安定と、それを背景とするインフレ率および金利の低位安定が挙げられる。また、コモディティーブームにより、パームオイルや石炭、石油の輸出が増加し、雇用者所得が上昇したことも個人消費押し上げに寄与したと考えられる（現地ヒアリングより）。当時のインドネシアの平均年齢は26.0歳、1人当たりGDPはUSD約3,100である。これを日本に当てはめてみると、平均年齢は1962年頃、1人当たりGDPは1972年頃に相当する。
- 2015年の供給を皮切りに、年間供給戸数は減少している。低所得者向けの住宅ローンが機能していなかったことによる販売実績の低下や、2019年の大統領選挙を懸念し、供給を遅らせていた

インドネシア・ルピアの為替相場

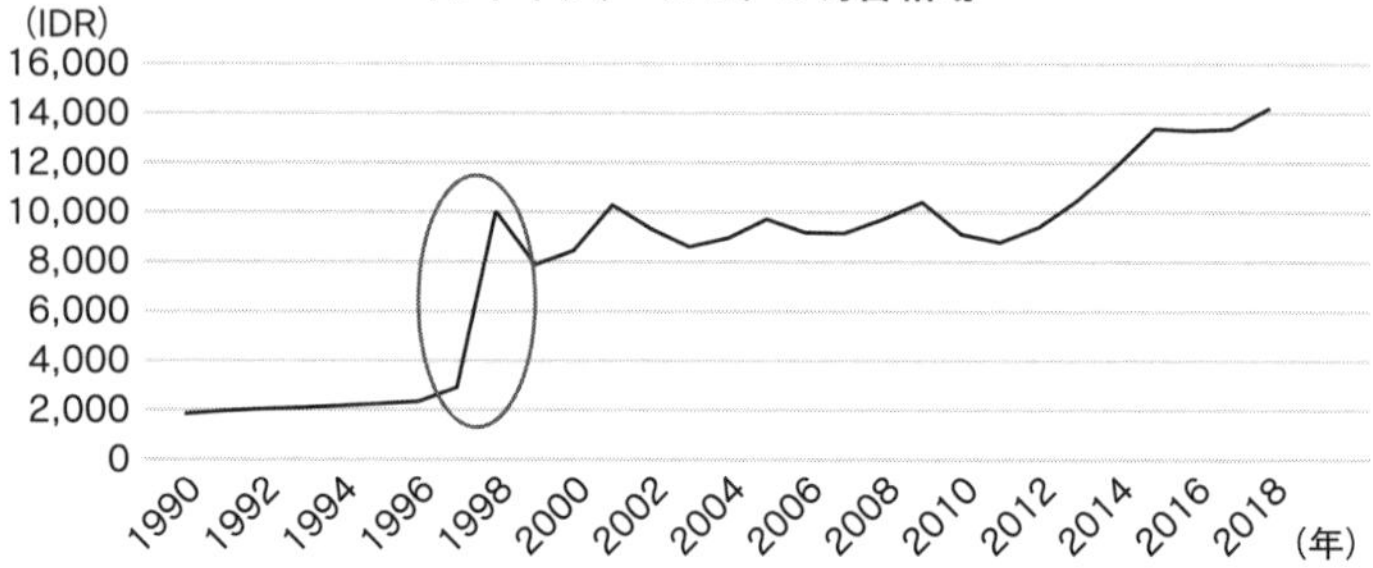

（出所）World Bankを基にCreed作成

インドネシアにおける銀行の民間部門向け融資残高伸び率（前年同月比）

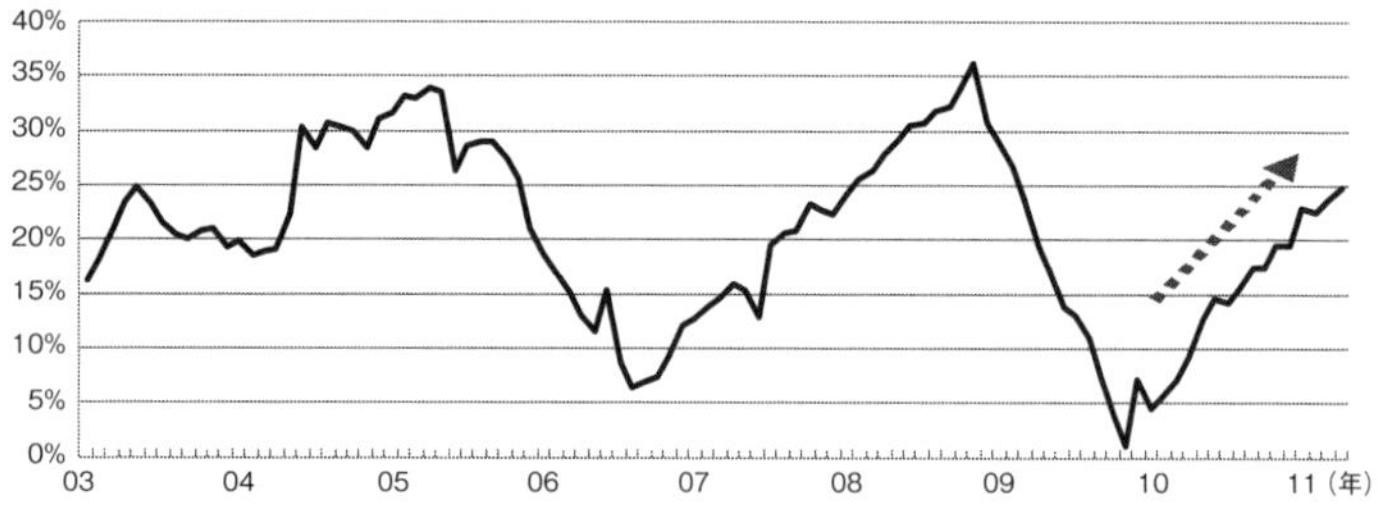

（出所）CEIC

ジャカルタのコンドミニアム市場

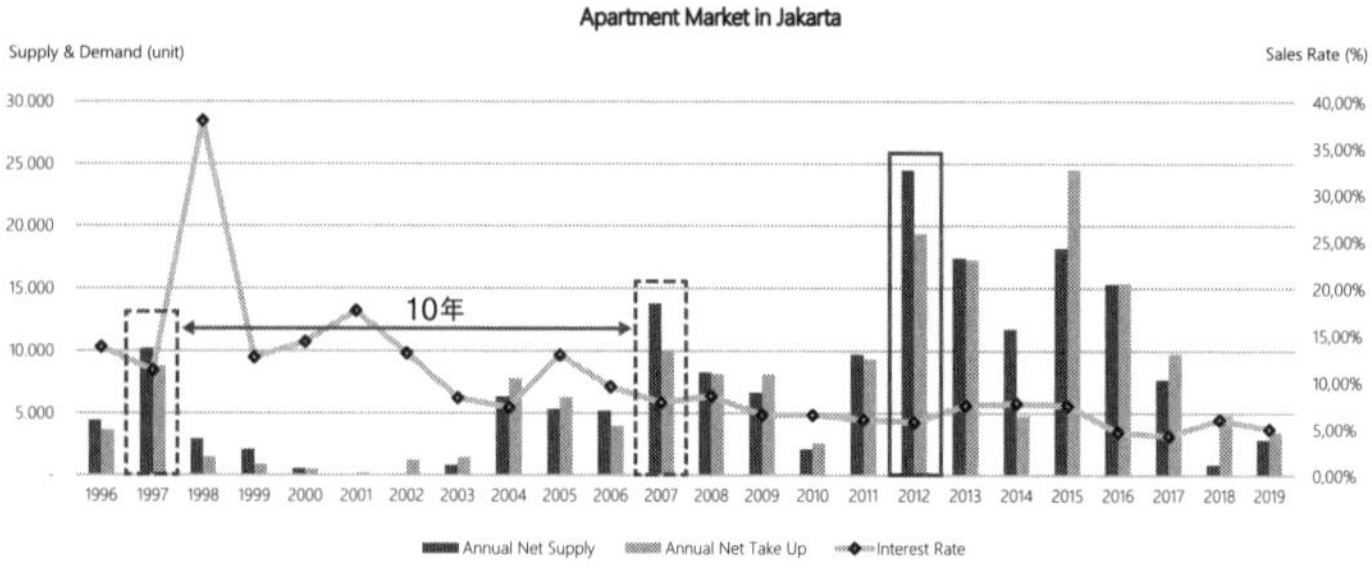

（出所）Coldwell Banker Commercial

ことが要因だと考えられる。中間層は拡大しているため、購買意欲が低下要因ではなく、経済回復の遅れも原因と推測される（現地ヒアリングより）。いくつかの中間層向け住宅の販売は堅調であるため、住宅ローンの審査が通りやすい中間層に向けた供給が重要だと考える。

Thailand ー タイ

- 政府は低所得者向けにGovernment Housing Bank（政府系住宅ローン）を1953年に設立。住宅ローンによってコンドミニアム大型供給が引き起こされたのではなく、大衆に徐々に受け入れられ、タイの不動産マーケットを長年支えてきたと考えられる（現地ヒアリングより）。
- コンドミニアム法の制定は1979年である。そして、1991年に外国人による所有権が認められるようになり、直近で改正されたのは2008年である。
- コンドミニアム大型供給は、1991～1996年であると推測される。
- 1991～1996年では、前述した外国人による所有権が認められたことが起因していると考えられる。当時のタイの平均年齢が24.7～27.3歳、1人当たりGDPはUSD約1,700～3,000である。これを日本に当てはめてみると、平均年齢は1958～1965年頃、1人当たりGDPは1969～1972年頃に相当する。

- 1996年8月、タイの株式指数SETが1100を割り、政府は株価対策基金を創設、1997年1月には不動産産業救済策を決定した。この間、ムーディーズが増え続ける短期対外債務に注目し、タイのソブリンリスク債券を格下げし、警告を発している。政府は、当時のバーツ危機のなかで58社のファイナンス・カンパニーに

タイにおける年間コンドミニアム供給戸数の推移

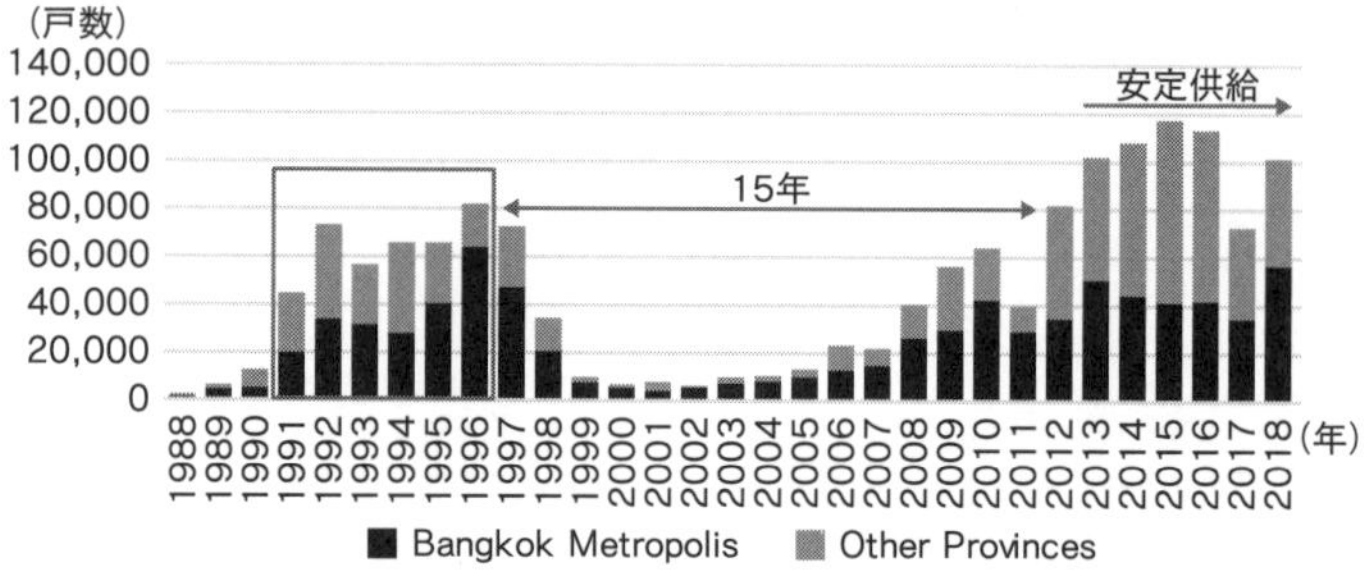

（出所）Bank of Tailandを基にCreed作成

業務停止を命じたが、不動産投資を中心とした不良債権は１兆バーツに及ぶともいわれ、経済全体への影響や融資金融機関への波及が危惧された（日本総研「アジア通貨危機の背景とその影響」参照）。そして、1997年７月にアジア通貨危機が起き、タイの経済が崩壊した。株式市場及びコンドミニアムの供給量は、通貨危機以前の水準まで回復するのに15年の年月を要した。

- リーマン・ショックの影響で2008年に経済成長率が－0.7％になったにもかかわらず、アジア通貨危機のように目立ったコンドミニアム供給の減退が見られなかった。これは、タイの金融システムが、アジア通貨危機の後大きな変容を経験しているからだと考えられる。商業銀行部門では中小規模行の破綻処理が進められ、大規模行でも大幅な経営戦略と外資の受け入れを余儀なくされた。危機への対応が一段落した2004年には金融機関の健全性規制の強化を軸とする「金融改革マスタープラン」が公表された（日本貿易振興機構（ジェトロ）アジア経済研究所「タイ金融部門の近年の変容とリーマン・ショックのインパクト—ASEAN内比較の観点から—〔アジ研ワールド・トレンドNo.189〕」参照）。
- 度重なる洪水に見舞われた2017年を除いて、2013年以降は毎年、

1996年のコンドミニアム供給を上回る水準で安定的に供給されている。これに加えて、日本が高度経済成長期に経験した平均年齢及び１人当たりGDPをタイも既に経験し、10年以上経過していることから、今後顕著な伸びは考えにくいと推測される。

Philippines － フィリピン

- 1950年代以降のフィリピンの経済成長率は、1990年代までASEAN主要４カ国（マレーシア・タイ・インドネシア・フィリピン）の中で最下位であった。特に1980年代半ばには、政治社会情勢の混乱が原因となって、アジアで初めて対外債務危機に追い込まれ、「アジアの病人」と呼ばれるほど経済不振が深刻化した（三菱UFJリサーチ＆コンサルティング「フィリピン経済の現状と今後の展望～なぜ好調なのか？ 好調は長続きするのか？～」参照）。
- しかし、近年は好調であり、2012年以降の経済成長率はASEAN主要国の中でもトップクラスである。出稼ぎフィリピン人（OFW）からの送金と、BPO（Business Process Outsourcing）産業が内需拡

フィリピンにおけるOFW送金額とBPO産業規模

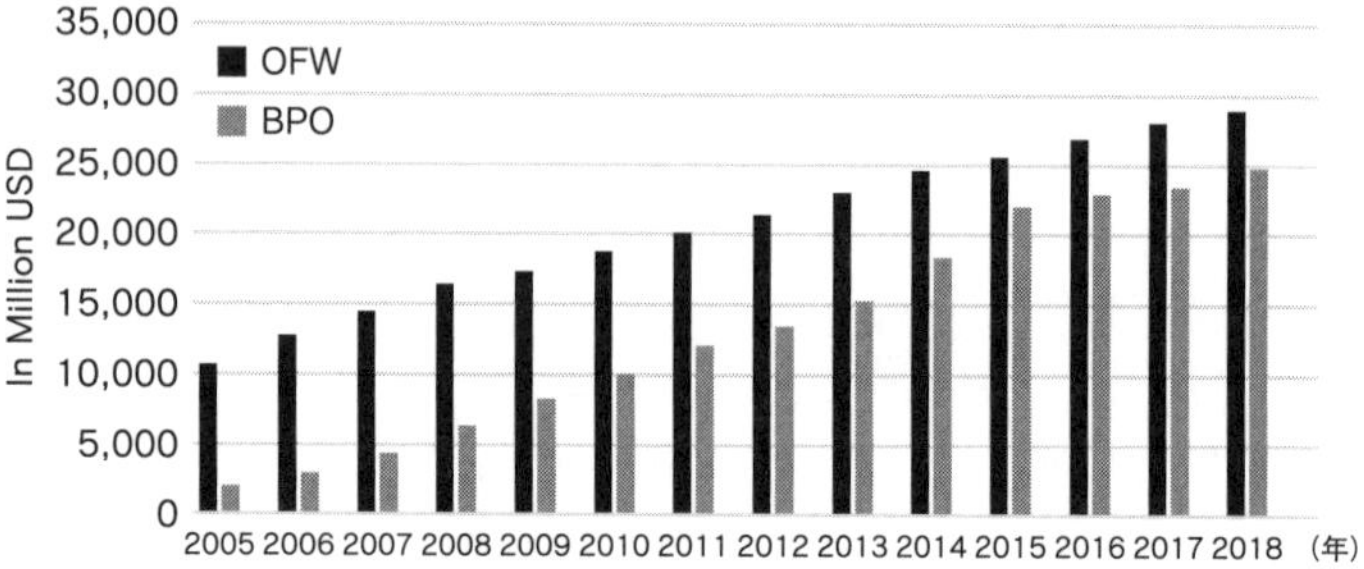

（出所）Philippine Statistics Authority、IBPAを基にCreed作成

フィリピンの失業率と準失業率

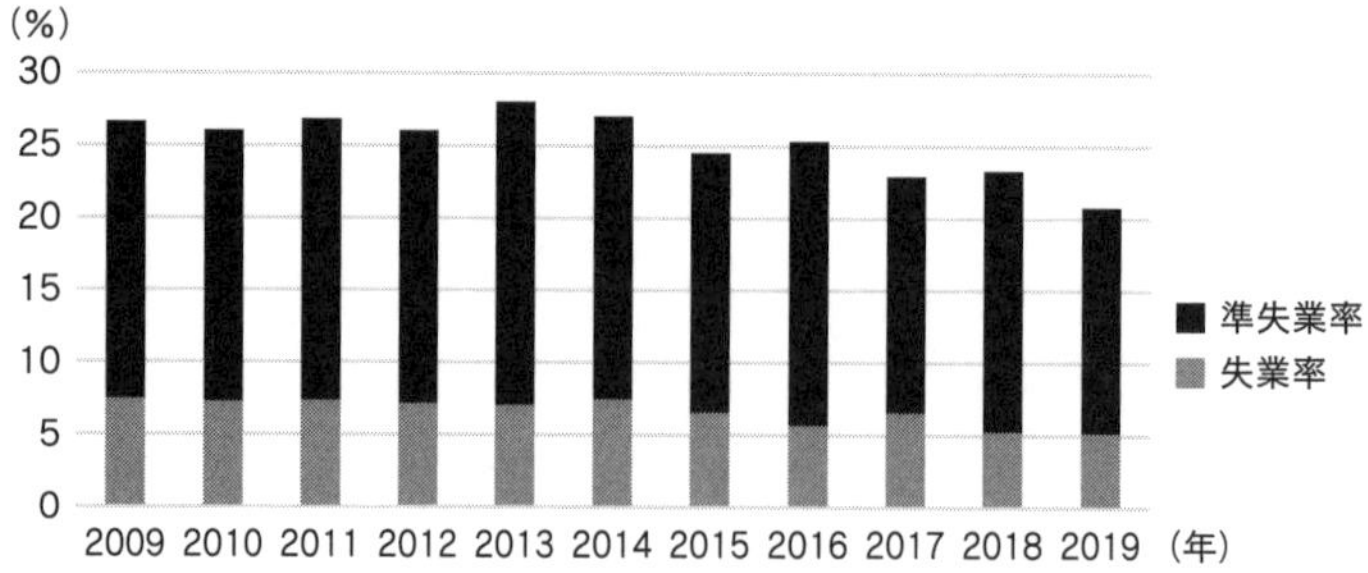

（出所）Philippine Statistics Authorityを基にCreed作成

大を牽引しており、GDPの約17％を占めている。サービス業がGDPの約60％を占めているが、その中でとりわけ成長の著しい分野がBPO産業である。2010年にはコールセンターの売上でインドを抜いて世界一となった。OFWの伸びが毎年約４％であるのに対して、BPOは約９％である。

- フィリピンは所得格差が大きく、格差縮小の糸口がつかめない状況である。また、近隣諸国に比べて、海外からの製造業への直接

投資が少ないため、雇用創出が不十分である。失業率・準失業率を合わせると、約20％に及び、近隣諸国で最も高い。これによって、1,000万人ものOFWが海外で働かざるを得ないということになっている。

- コンドミニアム法が制定され外国人に所有権が認められたのは1966年６月と、当該比較国の中で最も古い。タイ・インドネシア同様に大型供給に直接的な関連性はないと推測される。
- 大統領令により政府はPag-IBIG Fund（Home Development Mutual Fund）を1978年６月に設立。フィリピン人労働者のために、国家貯蓄プログラムと低所得者向け住宅ローンを提供している。
- コンドミニアム大型供給は、2008年と2012年と推測される。
- まず、2008年の大型供給については、2007年７月にペソ高を背景にインフレ率が低下したため、利下げを実施したことが翌年に影響したものと推測される。当時のフィリピンの平均年齢が22.3歳、１人当たりGDPはUSD約1,900である。これを日本に当てはめてみると、平均年齢は1954年頃、１人当たりGDPは1970年頃に相当する。
- 2012年には、外国直接投資額がUSD約56億と過去最高額を記録した。当時のフィリピンの平均年齢が23.5歳、１人当たりGDPはUSD約2,600である。これを日本に当てはめてみると、平均年齢は1955年頃、１人当たりGDPは1971～1972年頃に相当する。
- 2013年には、強力な台風の連続襲来や地震などの大災害によって、供給戸数が減少。2014～2015年では、2016年の大統領選挙に向けて、供給を遅らせていたと推測される。2016年以降は、安定した水準で供給されている。政府系住宅ローンが長年、低所得者向け住宅を下支えしているため、今後、急激なコンドミニアムブームが起きることは考えにくいが、人口の大きさを鑑みると、さらなる供給戸数の増加が見込まれるだろう。

フィリピンにおける年間コンドミニアム供給戸数とプロジェクト数

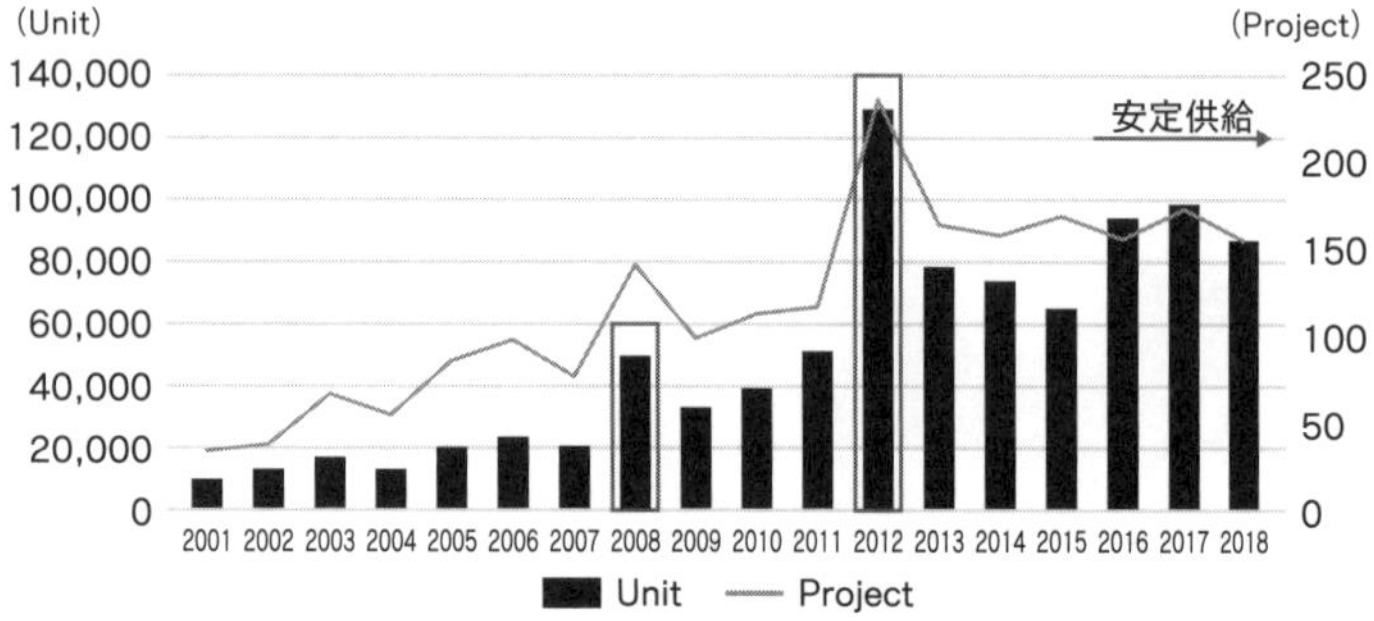

（出所）Housing and Land Use Regulatory Boardを基にCreed作成

Vietnam － ベトナム

- ベトナムの経済開発の基本戦略は中国と同じであり、まずODAを活用してインフラを建設し投資環境を整備し、外国からの直接投資を呼び込んで外資企業による輸出を拡大させ、それを梃子《てこ》に工業化・経済成長を遂げてきた。さらに、ベトナムは中国と同様に、金融市場を対外開放せず、短期資本移動や為替取引を厳しく規制してきた。そうした閉鎖的な金融政策ゆえに、ベトナムはアジア通貨危機やリーマン・ショックといった海外金融市場の激変による大打撃を免れてきた（三菱UFJリサーチ＆コンサルティング「ベトナム経済の現状と今後の展望～高成長よりも不均衡・非効率の解消が必要なベトナム経済～」参照）。
- 2000年代後半にバブルとインフレ加速が起き、その後、引き締めによって過剰融資は封じ込まれたが、足元で融資残高伸び率は回復している。

ベトナムにおける融資残高伸び率（前年同月比）

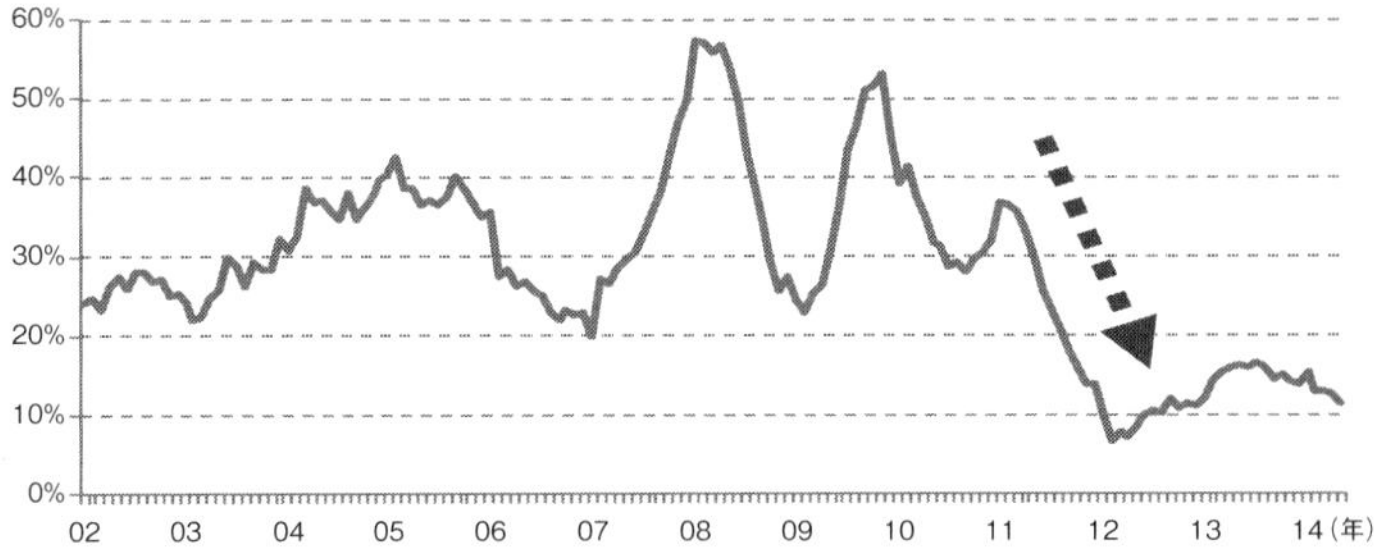

（出所）CEIC

- ベトナムのコンドミニアム大型供給は、2010～2011年と2015～2016年であると推測される。
- まず、2010～2011年の大型供給は、リーマンショック後の景気回復によるものと推測される。当時のベトナムの平均年齢は28.5～28.9歳、１人当たりGDPはUSD約1,300～USD約1,500である。これを日本に当てはめると、平均年齢は1970年頃、１人当たりGDPは1968年頃に相当する。
- 2012年には、不動産への過剰投資により国内景気を押し上げた半面、需要を過度に刺激したためインフレ率を急上昇させた。これを抑制することで融資が減速し、引き締めの影響で中小企業倒産が増加し、同年の景気は大きく鈍化した（三菱UFJリサーチ＆コンサルティング「ベトナム経済の現状と今後の展望～高成長よりも不均衡・非効率の解消が必要なベトナム経済～」参照）。
- 次に、2015～2016年の大型供給については、外国人・外国企業及び1975年に国外亡命したベトナム人の投資ルールを2015年７月１日に緩和したこと、さらに景気が回復したことによるものとみられる。当時のベトナムの平均年齢が30.5～30.9歳、１人当たりGDPはUSD約2,100～USD約2,200である。これを日本に当て

ホーチミン市におけるコンドミニアム供給数／販売数

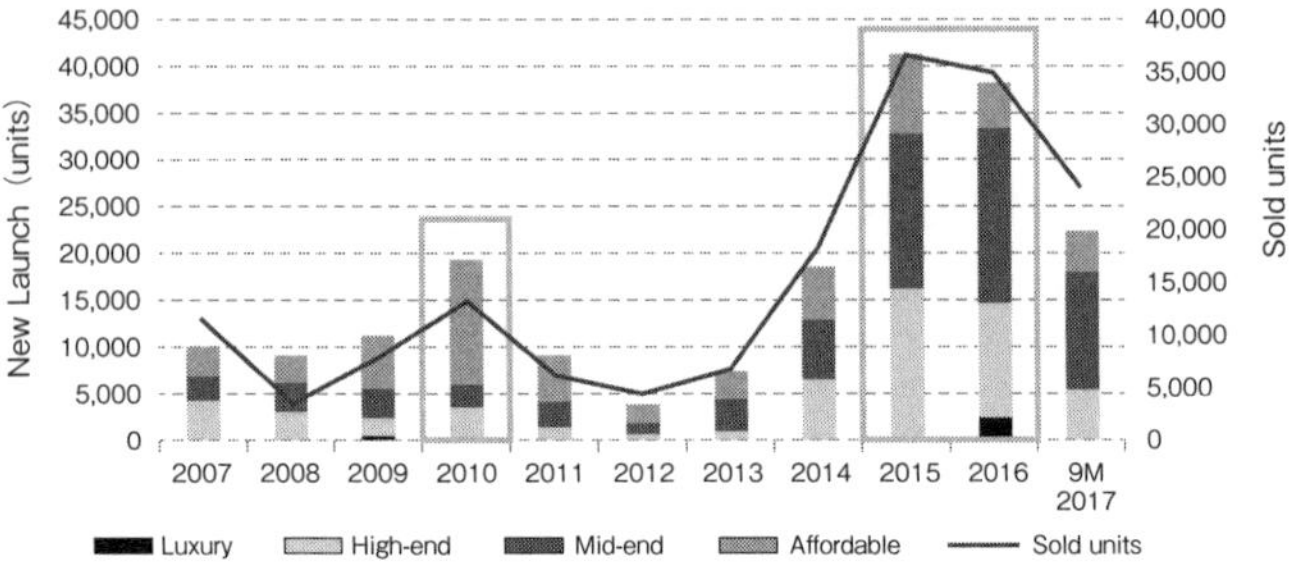

（出所）CBRE

ハノイ市におけるコンドミニアム供給数／販売数

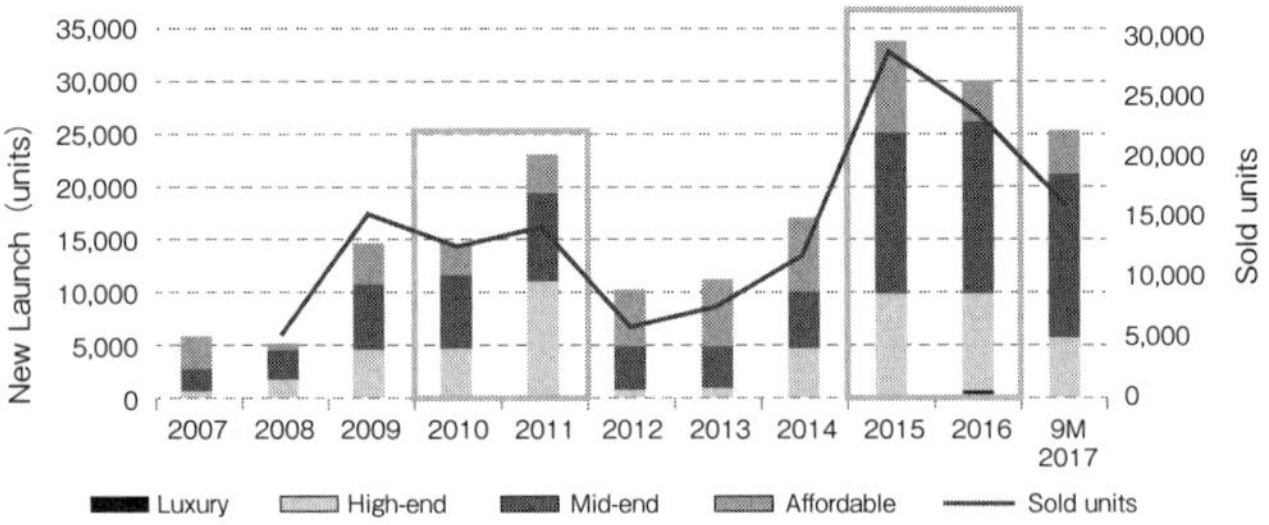

（出所）CBRE

はめると、平均年齢は1975年頃、１人当たりGDPは1970年頃に相当する。

● ベトナムの１人当たりGDPが、およそ４年で日本の高度経済成長期の終盤に追いつくとみられることや、コンドミニアムの大型供給が開始してから約10年が経過していることを鑑みると、約４年後にはコンドミニアムブームから、安定期に移行していくものと推測される。

Cambodia － カンボジア

●カンボジアのコンドミニアム市場は、2008年に韓国からの投資を皮切りにスタートした。2010年にLaw of Foreign Ownershipの公布により、外国人のコンドミニアム所有権が認められるようになったが、実際に所有できるようになったのは2012～2013年である。そして、2016年に中国からの投資を契機に、コンドミニアムの供給が本格的に始まり、現在も続いている（現地ヒアリングより）。

プノンペンのコンドミニアム供給数

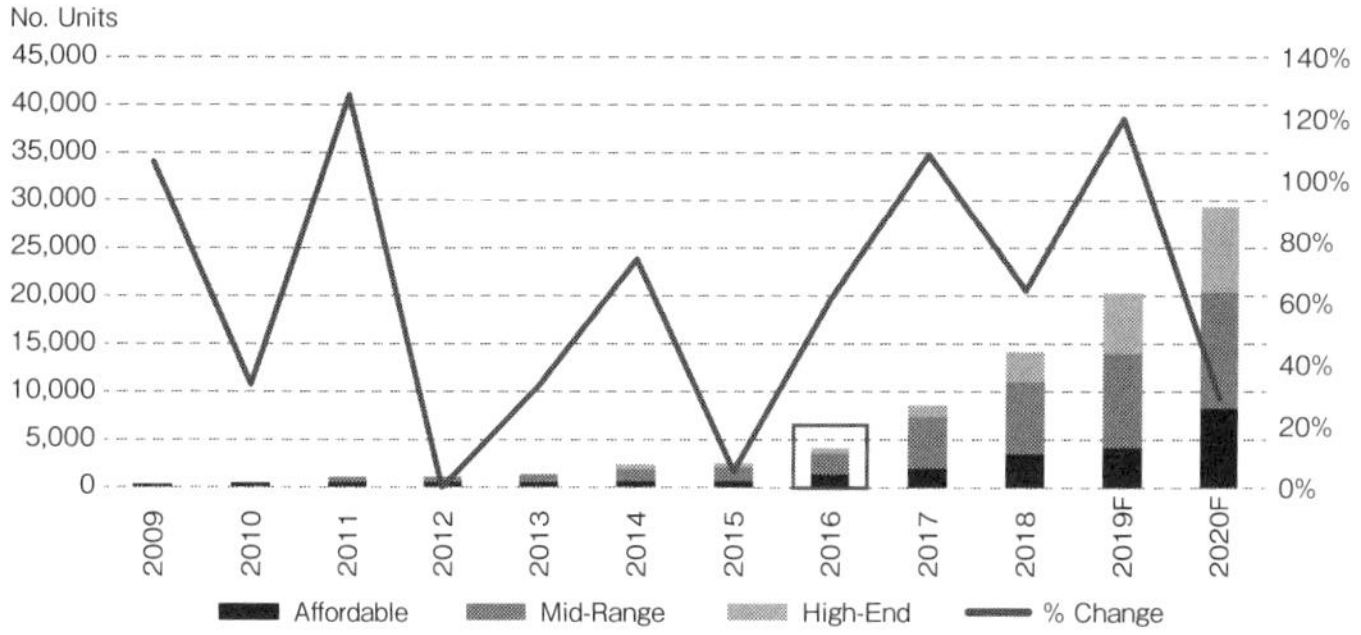

（出所）CBRE

●2016年のカンボジアの平均年齢が24.3歳、1人当たりGDPはUSD約1,250である。これを日本に当てはめると、平均年齢は1957年頃、1人当たりGDPは1967年頃に相当する。
●現在のコンドミニアム供給は、外国人による外国人のためのものにすぎないと推測される。しかし、1人当たりGDPを見ると、ベトナムでコンドミニアムの大型供給が起きた2010年のUSD約

1,300を2017年に超えているため、内需は着実に拡大していると考えられる。コンドミニアムに対する住宅ローンの借り入れが難しいため、住宅ローン市場が拡大すれば、数年以内に一般大衆に受け入れられるようになるだろう。

宗吉敏彦(むねよし としひこ)
クリードグループ代表。1965年生まれ。早稲田大学理工学部建築学科卒業後、伊藤忠商事に入社。不動産開発やコーポレートファイナンスに従事したのち、1996年クリードを設立。当時の国内不動産業界で一般的でなかったDCFの概念を取り入れた不動産投資・評価にいち早く着目し事業をスタート、私募不動産ファンド・REIT運用等を手がける。2012年からは、マレーシアを皮切りに本格的に東南アジアでの不動産投資に着手。現在、シンガポールに拠点を移し、マレーシア、カンボジア、ミャンマー、バングラデシュ、ベトナムで事業を展開している。

前野雅弥(まえの まさや)
日本経済新聞記者。東京経済部で大蔵省、自治省などを担当後、金融、エレクトロニクス、石油、ビール業界等を取材。現在は医療、不動産関連の記事を執筆。著書に『田中角栄のふろしき』(日本経済新聞出版社)がある。

富山 篤(とみやま あつし)
日本経済新聞記者。2014年よりハノイ支局長としてベトナム全般を取材。現在は日経産業新聞の海外面デスクを務める一方、外国人労働者問題、ASEANなどを取材。著書に『現地駐在記者が教える 超実践的ベトナム語入門』(アスク出版)がある。

アジア不動産で大逆転
「クリードの奇跡」

2020年6月5日　第1刷発行

著者　前野雅弥　富山 篤
訳者　長坂嘉昭
発行所　株式会社プレジデント社
〒102-8641　東京都千代田区平河町 2-16-1
平河町森タワー 13階
https://www.president.co.jp
https://presidentstore.jp
電話：編集（03）3237-3732
販売（03）3237-3731
編集　桂木栄一
編集協力　千﨑研司（コギトスム）
装丁　竹内雄二
制作　関 結香
販売　桂木栄一　高橋 徹　川井田美景　森田 巌　末吉秀樹
印刷・製本　凸版印刷株式会社

ISBN978-4-8334-2367-0　Printed in Japan
落丁・乱丁本はおとりかえいたします。